奇蹟課程導讀系列（三）

從佛陀到耶穌

若水◎著

目 次

定靜禪坐中，相逢天心裡

這個營造出整個娑婆世界的心,

還須要向前再推進一步,

「心性」必須徹底放棄自己的存在,

而選擇「神性」的境界。

序

　　早年曾參加夏威夷大學主辦的「基督教與佛教交談大會」，一入會場，眼光即被大會的標誌吸住了，那是兩張臉孔合成的一副面容，左邊是張目微笑狀，顯然是耶穌；右邊是閉目寂靜像，無疑是佛陀。這兩位象徵人類精神成就的大師，先後有五百多年之隔，在地理形勢隔絕的時代，他們井水不犯河水，各領東西兩大文明之風騷。

　　直到近代，東西文明開始交會，一體意識逐漸甦醒，人們開始探討這兩大精神傳承之間的異同。由人類意識發展史來看，釋迦摩尼與耶穌所開啟的心靈境界，究竟是「手牽手並排走」，還是「承先啟後排隊走」？

　　這是一個有趣的議題，卻極易引發情緒性的爭議，因為釋迦與耶穌已被奉為教主，兩千餘年的宗教傳承與歷史包袱賦予了這兩人極其特殊的意義，在信徒心目中，他們已非我輩人類，而是凜然不可侵犯的神明了。這兩位具有「神聖獨特性」的神明又反過身來賦予千百萬信徒一種獨特的身分與價值感。所以任何有關教主的評論，直接衝擊到信徒的自我價值認同，難免會引發一些不自覺的情緒反應。

　　雖然釋迦與耶穌本人均已證入「一體不分」之境，信徒崇拜的卻是他們的「獨特成就」，也以此作為自己修行的指標。

當我早年以一介天主教修女的身分四處訪道求法時，一邊得答覆天主教對佛法的質詢，一邊又得答覆佛教對神的疑問，我總是抱著異中求同的心態，根據兩個宗教的「究竟義」從中搭線，例如：基督教的真神並非佛教的天王諸神，而近似法身佛的境界；或是聖靈近似佛教所謂的菩提自性等等。希望能打破雙方因名相而產生的隔閡，以及歷史所造成的敵意，能夠接受「東方出聖人焉，西方出聖人焉，此心同，此理同」。

說實話，這種「拉關係」的說詞，從未說服過任何一方信徒，最多只能安一下我這遊走於宗教夾縫的人之心而已。直到翻譯《告別娑婆》，驚訝地看到它竟然毫不忌諱地說：

佛陀確實已經悟入那營造出二元世界的心性真相了，他這一悟，超越了人類所有的存在層面，悟入了空性，跳脫了時、空、形三界之外。這是一體論必然導向的境界，但它還沒有抵達神的境界。

當佛陀說「我已悟道」時，是指他已經徹悟：原來他並不是這虛幻世界的一份子而已，他其實是整個幻境的創造者。至此，這個營造出整個娑婆世界的心，還須要向前再推進一步，「心性」必須徹底放棄自己的存在而選擇「神性」的境界。……但佛陀在另一世才成就了那一境界，活在世間的人類根本不可能知道這些事的。（告別娑婆 第二章）

　　這一說法，可能會讓基督徒沾沾自喜，對佛教徒則是一大打擊，因為我們當初獻身宗教或修行的動機，不都隱藏著極深的「獨特性」渴望？我要活得比你好，我要修得比你高，而這種意念很自然地投射於兩位教主身上了。即使耶穌與釋迦均已證入「無人相，無我相，亦無佛相」之境，信徒仍然不免懷有「我信的宗教比你的高明」或是「我信的神比你的佛偉大」的心態。

　　我明白，《告別娑婆》絕無評論高下之意，它只是凸顯這兩位偉人在人類歷史上承先啟後的貢獻。釋迦與耶穌所證悟的境界，由「我」到「心」，再由「心」到「神」，一步一步地將人類意識推向神性的領悟。我們若能不受他們在人間的「分別相」所障蔽的話，釋迦與耶穌的存在，不過是人類同一整體意識在不同的時空中所幻化出來的形象而已。這兩位象徵人物，在虛幻的娑婆世界裡為人類開啟了通往實相之門。

　　也就是說，在實相裡，沒有什麼釋迦的境界與耶穌的境界之分，或高下之別，他們共同代表了人類一體意識的覺醒過程，在不同的文化及時空領域所呈現出的不同形式而已。

　　兩千五百多年前的印度，活在充滿痛苦與不公的種姓制度下，釋迦貴為王子，大可從事政經改革，給百姓一個太平盛世。然而，他捨棄這一近路，選擇了一條遙遠而崎嶇的修行之道，要徹底斷除一切痛苦之源。他知道眼前的生老病死，飢荒戰

爭，絕非來自外在的苦難，背後必有更深且難解的迷惑在作祟。他經歷了當時所有難忍能忍的苦行，最後終於了悟，一切有為法，都在三界中，於是他放下一切思維與修持，靜坐菩提樹下，悟出「無一眾生而不具有如來智慧」，因著空性智慧而超越了三界，萬法一心，進入覺性圓滿的佛境。

這個「一」究竟是什麼？佛性又源自何處？釋迦並沒有由此心性向前推入神性，因為在他的時代那是不可說也不必說。試想，在文化低落、眾神飛舞的印度，遍地神廟，草木山石無所不拜；而釋迦悟出的空性智慧，正是破除神教迷信的解藥。他若將此悟境推向「神」境，這位真神必定難以與印度諸神撇清關係，落入《告別娑婆》形容的：送走「一堆」糊里糊塗的神，又迎來「一位」糊里糊塗的神。

「神」的境界必須等到另一時空的另一人才能揭曉，那位高人即是五百餘年後的耶穌。他出身於中東唯一的「一神教」國家，但他並未擁「神」自傲，反而對猶太民族傳留下來的「神」的觀念起了大疑：「既然世界與人類是真神所造，為什麼世間的一切未能反映出真神的本質？真神既是圓滿一體的，何以世界卻處處分裂；真神既是完美無缺的，何以世間呈現的卻是不完美與缺乏？」

耶穌也如釋迦一般，遠離家鄉，四處問道，最後回到家鄉的沙漠中，禁食四十天，終於悟道。他悟出自己的純靈生命，

看破世界的虛幻。

可惜他的門徒無人了解他的訊息，更難以體會他的境界。當他說「天國已經來臨了，就在我們中間」，有人懂成「以色列國要復興了」，有些人開始爭論將來在天國裡，誰會坐在耶穌的右邊。

在最後的晚餐中，他借用餅與酒象徵自己的體與血，將自己給予即將分離的弟子，教他們看出他們有如葡萄樹與葡萄枝的一體關係。後世的門徒卻把這象徵物質化為一套宗教儀式，真把餅與酒視為耶穌的肉與血來領受，還訂出一堆禁忌。

耶穌就在門徒與外敵的雙重誤會下，被世人推上了十字架。而耶穌在十字架上代表人類作出一個空前絕後的選擇，將人類意識帶向一個嶄新的方向。

耶穌在十字架上的死亡，象徵的不是一位自我犧牲的受害者，象徵的是耶穌在十字架上徹底的自我空化。他空化的不只是這一具任人擺佈的肉身而已，他空化的是他這一生的信念與成就。當他在十字架上時，祭司與旁觀者譏諷他說：「上主如果喜歡他，就該救他，因為他說過『我是上主之子』」；「你救得了別人，卻救不了自己。你現在就從十字架上下來吧，叫我們看了才好相信你。」

　　耶穌在世時，許多人是因為他能施行奇蹟而相信他的，在最後的關鍵，他放棄了救主的形象、奇蹟的能力，甚至他是上主之子的證明。我們可說，他一生所「成就」的一切，全都釘死在十字架上了。在象徵著矛盾混亂及痛苦的十字架上，耶穌選擇了捨棄自己的一切，完全臣服於神的旨意。就在他人性生命徹底消滅之際，他的神性生命如浴火鳳凰重生了。這就是復活。

　　耶穌在這一世，並沒有「成就」一個偉大的生命，相反地，他捨棄了這個生命，心甘情願地消失於上主內。耶穌的自我空化，直接破除了人類當初為了尋求獨特價值而與上主分裂的一念無明。就在這具形體連帶著眾人投射於其上的一切意義與價值完全幻滅之刻，復活是必然的結果。復活後的基督與耶穌生前那一具形體毫無關聯；復活的，是純然的靈性，也是人類的自性，《奇蹟課程》稱之為基督。一念無明的魔咒一旦解除，基督自性憶起了它的神性本質，回歸神的一體之境。

　　只因二十世紀之前的人類意識型態仍然困於三界時空內，思考能力難以超越形體的層面，可想而知，釋迦與耶穌超三界的訊息與境界，從一開始就受到了扭曲，愈發展愈物質化、形式化，最後形成了組織嚴密的宗教。信徒崇拜的是釋迦與耶穌這個有形有相、有血有肉的人，宗教強調的是人的罪業，還不惜用罪惡感及恐懼心來操控信徒，維繫宗教的傳統。只有極少

數的人，找回教主的原始教誨，這一少數份子，被列為「秘傳」或「密教」（the esoteric teaching），不斷受到正統宗教的壓制。

然而，人類意識的洪流是壓制不住的，到了二十世紀末，因著科技及心理雙重發展，有一部分的心靈已經準備好接受靈性的挑戰了。於是耶穌再度出現，這回，他迴避宗教的形式與教主的形象，僅透過一本不具名的書《奇蹟課程》，重新詮釋釋迦與耶穌兩千年來真正要傳給人們的訊息。

《奇蹟課程》不再遷就兩千年來人類視為天經地義的思維方式，它另闢蹊徑，為人類指出「另一條路」，一反現實生活的遊戲規則。它用「小我」與「聖靈」兩個代號來表達這兩套截然不同的思維體系，從此分道揚鑣。

世界採用的乃是小我的思維體系，著眼於是非、善惡、貧富、強弱的二元世界，設法改造人心，改善世界。這一方法試用了二十個世紀，縱然科技進步了，幸福與平安卻仍然遙不可及。

聖靈的思維體系，全面否定了二元世界的幻相，把是非、善惡、成敗、榮辱一律視之為幻，不再與形相世界周旋。它把釋迦悟出的「真空」（般若）智慧以及耶穌證入的「妙有」（復活）境界，融合為一個「寬恕」法門。它用寬恕來解除人類

分別判斷的妄心，同時也解除了世界對我們的控制與束縛。唯有《奇蹟課程》的真寬恕具有這種除纏解縛（undo）的力量。

　　《奇蹟課程》知道僅憑「思辨」或「苦行」是無法喚回浪子的歸心的。人類不是不知道娑婆世界之苦，問題是：我們寧願受苦，也不敢相信真有一個更好的世界等待我們回歸，只因人心受創太深了。有誰能說這是因為人類不夠努力，事實上，我們每個人為了生存都卯盡了全力，結果呢？不是身體出狀況，就是兒女出事，或是國家動亂，連地球都瀕臨毀滅的危機。人間的無常之苦處處證明了人類罪孽深重，也認可了我們對天譴與報應的恐懼。

　　人心潛藏的自我憎恨，使得我們在人間的努力，徹底變質。愈是求好心切，愈是自慚形穢，完美的理想變得遙不可及。因此《奇蹟課程》帶給人類的新出路，首要之務，不是改造小我形象，在人前修出一個 holy ego，而是平撫那一直在啃噬人心的罪惡感及恐懼心。故它再也不給人一套戒律或教條，也沒有令人卻步的苦行，更不注重哲學思辨，只用人們耳熟能詳的「寬恕」，教人們如何「不當真」地去迎對人間的難題。書中說修又非修、似虛又若實的練習，一步一步地解除人心內作繭自縛的錯誤信念，將我們由「不寬恕」，帶向「假寬恕」，再慢慢潛移默化到「真寬恕」的境界。

　　所謂的假寬恕，即「寬恕你認為別人所做的對不起你的事情」，只要我們仍然相信外在的人物能傷害我們，這種寬恕只會將我們帶回二元的相對世界裡，繼續輪迴下去。真寬恕則是「寬恕你認為別人做了，其實他並沒有做的事情」。如此，你不受他人的行為表相的迷惑，而超越三界的束縛。

　　由於人類早已把罪惡感壓抑到潛意識，把一切問題投射在他人身上，根本意識不到自己的問題，所看到的全是他人的罪過，這使得「寬恕自己」變得十分空洞。於是，《奇蹟課程》教我們藉由寬恕別人來寬恕自己。我們無須了解其中的奧妙，只須如法去作，寬恕自會轉變我們的人生信念，而帶來奇蹟效應。而奇蹟又無聲無息地瓦解了操控世界的自然律與因果律。就這樣，我們在寬恕內得到釋放，世界也在寬恕內得到解脫。

　　由此可知，《奇蹟課程》的寬恕與傳統的寬恕不可同日而語，「真寬恕」將佛陀「無一眾生而不具有如來智慧」的覺悟，具體套用在身邊的凡夫俗子身上。「真寬恕」將你「顛倒執著」的人生信念與日常判斷一起釘在耶穌的十字架上。你每死於小我的自以為是一次，你就能經驗到一點復活的滋味。直到最細微的我執逐漸在你的寬恕中滌除殆盡，小我徹底崩盤，神性的記憶便會在心中浮現。

　　這便是傳統宗教所謂的「彌陀降世」或「基督再來」的真諦。末世的來臨不是寄望於另一位神佛的來臨，如果耶穌一世

或佛陀一世無法拯救世界，再來幾世神佛，大概也無濟於事。末日的審判，只是宣告：你仍是純潔無罪的上主之子；乘願而來的彌陀，也只是悟出本來清淨又始終圓滿的你而已。這驚天地泣鬼神的大業，竟然不再靠你苦苦修練的功夫，而在於你看待身邊弟兄的一個眼神。

　　幾千年來，人們追逐天堂淨土，修得形銷骨立；如今《奇蹟課程》來了，拍拍我們的肩膀說：「沒那麼嚴重，歇歇吧，寬恕一下就沒事了。」

若水

（感謝廣州彭桂華女士協助整理演講稿）

上 篇

奇蹟與佛學

你既然有能力造出世界，

你必然有能力化解它。

世界即道場

　　我們常在武俠小說裡讀到，身懷絕技的大師在深山峽谷中隱身百年，等待著上乘根器弟子的出現，好傳授獨門絕學。好不容易遇到了一個身負血債，絕地逢生的少年才俊，但傳授到某一階段，卻因弟子「塵緣未了」而無法領受大師的不傳之密，不得不下山一了塵緣。

　　俠情小說總是少不了纏綿悱惻的愛情，於是「塵緣」便常指向兒女情長的愛恨恩怨。其實「塵」是指世間，「緣」則指人與人之間任何藕斷絲連的關係，它不僅是指有形可見的聯繫，更是指心內未能斷捨的牽絆，即使歸隱深山或青燈古佛，若心中的恩怨愛恨不先化解，任其如何苦其心志、勞其筋骨，甚至服了千年雪蓮，也難以練到爐火純青之境。

　　「塵緣未了」聽起來很浪漫，但對有心躍出三界火海的修行人，就顯出了它的猙獰面目。它像一隻佈下天羅地網的蜘蛛，以無形無色的細絲黏絆著我們的手腳，使我們掙脫不得。它無聲無息地躲在一角，隨時突擊，吸吮我們的精血，啃噬我們的心靈，使我們欲振乏力，逐漸放棄生活的願景。

　　如何才能一了塵緣呢？只要抬眼一望，不難看到天災人禍，看到社會的燒殺擄掠，看到衰老的父母、不懂事的孩子、嘮叨的妻子、冷漠的丈夫，處處都是煩惱，我們巴不得立刻拋下這個痛苦的世界，躲到佛陀許諾的淨土去。卻忘了身邊的爛攤子雖然虛幻，對我們的牽絆卻每每因果不爽，只因這因緣假合的幻境，有它源遠流長的命根子，緊緊紮根在我們的妄心中，那深藏不露的「無始無明」才是眼前幻境的始作俑者。無明妄念不除，不論我們逃到天涯海角，它都會陰魂不散地化身為種種人事境相，向我們追討罪債。

　　問題是，我們的「無始無明」經過百千萬劫的流轉，已不再僅僅是無明一念而已，它已演變為生命的種子（第八識），形成了一個生命主體「我執」或「小我」（第七識），化為根塵諸境，衍生出三千大千世界以及芸芸眾生。這一切都是那無始無明為遮掩實相而放出的煙幕，使我們看不清生命的原貌，也記不起問題究竟出在哪裡。

　　修習佛法的第一步常是調伏我們的三毒，然而，三毒本身乃是無明之果，而非痛苦的根本原因。試問，若非我們感到匱乏，我們豈會「貪」？若非覺得受到傷害，我們豈會「瞋」？若非心靈迷失了，我們豈會「癡」？這讓我們不得不進一步追問緣由，一個本來一體、圓滿而光明的生命怎麼會感到匱乏、傷害而迷失的？

　　近年來遺傳工程學試著為人類的基因解碼,它能由今日的猶太祭司後裔溯回三千年前的祖先,發現他們全都擁有相同的Y染色體。二十世紀末出現的《奇蹟課程》也試著用現代心理學來追溯人類無始無明的內涵,找出當初無明一念究竟是怎麼走出岔的。看它如何像Y染色體一樣,由第八識一直貫穿到我們的眼耳鼻舌身五識,主宰著我們今日的每一個心念。唯有透徹了解整個生命的藍圖以及心靈演化的來龍去脈,活在紅塵中的我們,才知道該如何由眼前一事,反觀當下一念,而溯回問題的根源。

　　沒有一個宗教能解釋清楚「無始無明」是怎麼發生的,《奇蹟課程》對這形上問題也是輕描淡寫地幾筆帶過,它無意探討那無明一念最初怎麼發生的?它關注的是:那無明一念至今如何操控著娑婆世界中每一個人的生活。它要傳授的則是:人類如何能不離塵世而超越塵世,回歸本來圓滿的生命實相。

　　《奇蹟課程》揭發了物質世界與肉體生命背後不可告人的秘密。它借用二十世紀的顯學——心理學的語言,向我們解說當初的一念無明對人心造成的兩大創傷:分別心(分裂感)以及內疚感。在無始之始,我們只因一念之差,想要在實相(即上主)之外經驗一下獨立的生命,因著心念本有的創造力,立即感受到分裂的孤獨與痛苦。在極度驚慌恐懼下

，不敢回頭，反而當真起來，企圖遮掩、彌補、壓抑、逃避（一如我們今日面對挑戰的自然反應），徹底遺忘了這一切根本無損於實相的圓滿。

　　然而，無明妄念卻一再告訴自己罪孽深重，必將受到業報與懲罰，於是原本無傷大雅的「一念之差」，妄中加妄，咎上加咎，一發不可收拾，只能壓抑下去，壓抑得如此之深，如沸騰的高壓鍋，終於爆炸而分裂出眩人眼目的三千大千世界。試想，一顆極度恐懼與內疚的心會投射出什麼樣的「境」？它必然充滿痛苦與懲罰，而這，便成了娑婆世界的本質。

　　傳統的宗教薰陶深恐我們遺忘了自己的罪業，時時刻刻提醒我們的不善與虛妄，以為唯有如此，我們才可能棄惡從善，轉業向道。然而，近代心理學卻提出了許多反證：在愛與尊重之下長大的孩子，遠比在控制與責罵的環境中成長的孩子，更有向上心、創造力以及屢挫不折的毅力；反之，覺得自己一無是處的人，終其一生都會忙著自衛，反而難以展現自己的天賦。

　　自慚形穢的人是很難真正相信「我就是佛」、「回頭是岸」的，他會做出許多無謂的彌補與自衛措施，加深內疚恐懼而流轉六道。試想，人類明知六道是苦，為何還要硬往苦海中跳？答案很簡單，他必然在逃避另一個比六道更可怕的怪物。

　　《奇蹟課程》指出這怪物便是「無始無明」的陰魂——
罪咎，它埋藏在我們的潛意識中，不時提醒我們，我們闖下
了萬劫不復的大禍，喪失了自性，永斷歸家之路，唯有在人
間償清業債，才有回歸的可能。這是曠世以來最大的謊言，
然而，活在恐懼與內疚中的我們，確實難以相信「回頭是岸
」的神話，寧可靠自己轟轟烈烈地在人間殺出一條歸家的「
血路」。

　　罪咎的陰魂在「無始無明」的障蔽下，不得不設法在實
相之外另闢生存的舞台，孕育出虛妄生命的種子（第八識，
阿賴耶識）；在恐懼與內疚的追逼下，凝聚成一個意識主體
（我識，末那識）；忙著自衛與彌補，且進一步執此為「我
」，成為「我識」（心理學上稱為自我或小我），而與「無
我」的實相分庭抗禮。為了力圖自救，小我又進一步投射為
眼耳鼻舌身五識，賦予「我識」一個有形生命。這種自衛本
能歷經百千萬劫，仍留在我們的血液中，成為人類生存本能
的「心理基因」。

　　近代心理分析學將人類的自衛機制歸納為「遺忘」與「
投射」兩種心理能力，將虛妄不實的我執稱為「小我」（ego
）。直到今日，小我仍在玩弄這種心理把戲，凡是自己不敢
或不想面對的事情，我們會很自然地忘掉，心理學稱之為「
壓抑」。如果將心比心，便不難推想出無始之始，人類憑著
自由意志作了錯誤的選擇，掉入了夢境，那種失落與驚嚇，

真是情何以堪！人們必會設法將此記憶排除於意識領域之外，難怪至今沒有任何一個宗教能夠解說清楚「無始無明」究竟是怎麼一回事，以及人類是怎麼開始流轉六道的，因為那是心靈「被逼瘋了」的狀態下投射出來的，它本身必然「不可理喻」。科學家至今仍想利用一套原則來解析宇宙與人心的奧秘，發現每個原理背後都藏有更多的例外，原來娑婆世界的本質乃是 chaos（混沌）而非 order（秩序）。

　　小我繼續教導我們，我們必須遺忘過去的創傷，才能繼續在幻境中苟延殘喘下去。然而，我們的意識雖然執意遺忘，但我們的生存本能卻不會輕易放棄這生死攸關的經驗，它便把這記憶埋藏在潛意識裡，封為「機密檔案」，列入身體本能的管轄範圍。從此，每當任何危機觸動這一舊傷時，潛意識便會啟動身體的自衛本能，發出警告，我們就會產生無名的焦慮或憤怒，身不由己地發動自衛和攻擊行為來保護自己。事過境遷之後，我們又會為自己的過度反應驚愕不已，趕緊找些外在的理由為自己辯解。

　　不論小我如何尋找藉口，我們的攻擊行為必會再度勾起那與生俱來的內疚與恐懼，使我們如坐針氈，於是小我又發展出另一套自衛本事——「投射」。小我既然把痛苦的真實原因遺忘了，又不敢為自己的錯誤負責，它只好向外尋找痛苦的起因，這就是人心投射出大千世界與芸芸眾生的真實目的，好讓外面的人或事件來為我們的痛苦負責。

　　心性雖然抽象，念頭卻十分具體，現代心理學也已看出沒有所謂的「無謂的雜念」這一回事，每一個念頭都有它的磁力，吸引周遭的物質元素而匯為某種情境。小我將本來無相的「我識」分化出「六識」，具體化為六根，接引六塵。從此，只要放眼一望，果然，所有的罪魁禍首歷歷在目：天地不仁，社會無情，人心奸險，連身邊最親的人都成了討債鬼。於是，我們一邊憤怒抗議來保護自己，一邊又感到內疚而忙著彌補，只有一件事我們不敢承認，便是自己很可能是一切問題的「始作俑者」。

　　我們若把人類無始以來的「無明」之念，與自己此時此刻的想法作一對比，會不由驚出一身冷汗，兩者竟然同出一轍。我們掛著修行之名，難捨能捨、難忍能忍，一心只想悟道成佛，但修行的每個動機依然逃不出無明的基本心態──分別心與內疚感。我們害怕六道之苦，害怕陰魔業障，害怕親仇礙道，於是我們分別心更加強烈，處處分別正邪、善惡、淨穢、人我，最後不得不逃離社會、人群、親友，躲到深山另闢一修行淨土，這和人類最初逃離實相而躲入世界的心態又有何差別？

　　《奇蹟課程》為我們帶來一個福音：「你既然有能力造出它來，你必然有能力化解。」因此，接納現實，勇於負責成了修行的起步。外境只是我們心態的反映，境是果，我們

只能坦然接納；心是因，我們可以扭轉乾坤。於是世間瑣事都成為提供我們照見自己妄念的最佳線索，一切親仇恩怨也都成了我們學習收回投射的大好契機。試想，若非他們的糾纏與挑戰，我們哪有機會修正先天與後天的妄想與惡習？

　　因此，世界是我們轉識成智的道場，它不需要我們拯救，只要我們不再將污染的心念投射其上，它就會自然淨化。同理，我們身邊的冤親債主也都是前來度化我們的菩薩。真正害怕而且設法阻撓我們悟入生命實相的，其實是自己的小我（我執），它會使出渾身解數來防止自我的消失，這是可以理解的。它利用宗教的虔誠，使我們更加自慚自責，終日忙著念佛拜懺、行善布施、消業除障，甚至發心度盡眾生，就是不讓我們面對內在的陰影，深恐我們有朝一日會識破幻影，而認清了「我們原來根本沒有問題」。

　　《奇蹟課程》曾說：人生只有一個問題，也只有一種解決辦法。因一切問題全都來自人們妄自菲薄，為自己定的「莫須有之罪名」。確實如此，佛性始終存於我們心中，須臾不離，自己之所以無法認取這個圓滿自性，只因那「莫須有」之罪的蒙蔽。而修行的最大挑戰即是，這妄念已經不只是抽象的分別意識，它已具體幻化出三千大千世界來混淆我們的眼目；它也不再是與生俱來的憂患意識而已，這憂患已經締造出牢不可拔的生存本能，成為我們的第二天性。

　　佛教雖設有種種方便法門,但對「轉識成智」的操練仍滯留於理論層面。密宗也發明了「生起次第」,以觀想的方式將世界轉化為清淨壇城,但若無「空性」的體悟,則很容易將觀想之境執虛為有。上座之後,神影幢幢,下座之後,仍是「分別」、「我執」。

　　《奇蹟課程》借用二十世紀流行的心理學,重新解析了人類流轉六道的原因,並提出具體而實際的出離方法。我們既知,人類的心識雖已分化為八識,後二識杳杳難以把捉,前五識又與五根交纏得難解難分,唯一能扭轉乾坤的只剩下第六意識了。然而,我們的意識又常隱身於知見底下,知見則反映在我們日常的念頭與眼光裡,而我們的念頭與眼光又必須與人物互動才會呈現出來。梳理至此,我們便不難看出「轉識成智」的關鍵所在。

　　然而,知道問題何在,無濟於事,仍需要一番「轉」的功夫。《奇蹟課程》自稱是轉變人類知見的一套課程,〈學員練習手冊〉前半部帶領讀者在日常生活中一步一步地化解小我根深柢固的妄見,後半部則試著以「不分別取捨」的正見,行道人間。我常常惋惜此書受基督教名相所障,使得許多精進修持的佛教徒難以受惠,為此我不辭愚陋,撰文引薦,舉出前28課的練習主題為例,我相信稍懂佛法的人,都會對下述的觀點發出會心的微笑。

首先，在揭示真理實相之前，它清除小我的執著妄見。

第 1 課　我在這房間所看到的一切，不具任何意義
第 2 課　我所看到的一切對我所具的意義，完全是我自己賦予的
第 3 課　我並不了解我在這房間所見的一切
第 4 課　這些念頭不具任何意義，它們就像我在這房間所看到的事物一樣
第 5 課　我絕不是為了我所認定的理由而煩惱
第 6 課　我煩惱，是因為我看到了根本不存在的事物
第 7 課　我只看得見過去
第 8 課　我的心內塞滿了過去的念頭
第 9 課　我看不出一切事物的當下真相
第10課　我的想法不具任何意義

接著，它指出我們的妄念是眼前世界的肇因，唯有放下過去的妄見，世界才有轉變的可能。

第11課　我那無意義的念頭，顯示給我一個無意義的世界
第13課　無意義的世界令人恐懼
第14課　上主從未造過無意義的世界
第15課　我的想法乃是我營造出來的意象
第17課　我所看到的東西，沒有一個是中性的

這樣，一天一課地扭轉妄念，而且具體地將正念運用在生活中，歷經一月之久，「我執」根深柢固的思想模式才能慢慢鬆動。

《奇蹟課程》認為，小我已有三千大千世界的妄境為它的妄念撐腰，僅憑理性解析或信念，不足以扭轉我們早已積非成是的心識，它需要某種經驗或「證量」。必須在日常生活中操練上述的「正念」，才能發揮「轉識成智」之效。

等到我們隨時能在生活中見證「心淨則國土淨」的神奇變化，才可能解開束縛了娑婆世界百千億劫的符咒，奇蹟成了世界的自然法則。表面上，世界雖然依舊無常，人間仍有生老病死，但修行人卻能穿透種種幻相，直認它清淨的本來面目，世界便在這種慧見下獲得了解脫。

不論是修禪修密，我們得先處理內心根深柢固的
「我不是佛」、「你也不是佛」的信念。

我身即本尊

　　佛道兩教早已體認出「身即是苦」、「吾之大患為吾有身」，修行人所遇到的第一道關卡，也常是身體這具臭皮囊。冷熱饑飽、生老病死、美醜寵辱，都是針對它而發的。我以前解釋過，身體就如世界一般，是遮蔽我們心性的一道障眼法，我們的心及眼都需要學習跨越這一障礙，才能一睹心性的面目。

　　佛教設立了許多方便法門來幫我們突破身體的障礙，小乘以嚴格的戒律來調伏身體，以白骨屍林來壓制身體的妄念，大乘更有數息、持咒、靜坐、參公案來忘卻身體，密宗則與瑜珈結合，以氣功來疏導調治身體，藉觀想來轉化身體。

　　我們若相信「境由心造」的道理，便不難明白身體是「果」而非「因」，它只是照本宣科地奉行心識的指令。我們只在「果」上下功夫，而不去解除其因，那麼身體便會如「野火燒不盡，春風吹又生」的蔓草，不斷滋生事端，使我們應接不暇，疲於奔命。

　　佛說「十二因緣法」，為我們指出，從「無明」開始到生命的形成與延續，都是靠這一顆妄心的維繫。先有無明，因忘失自性而做出種種分別取捨的「妄行」，滋生內疚與恐懼的「潛意識」，不得不投射於外境，且賦其「名」，各具形「色」，各自為政，形成色聲香味觸五塵，互不相屬。我執妄識繼續分化為「六識」，與六根相接，構成「六塵」，架構出一個形相世界。此後，我執與六塵互動，「接觸」成種種關係，而小我則按自己的需求對這互動關係加以詮釋、批判，形成特有的一種「受」的模式。在此模式下，小我對能滿足一己所需之物，升起「愛欲」之心，使「執著」之物更為真實，而誤為「實有」，具體化為「物質生命」，承受「老死」無常之苦。

　　當我們揣摩十二因緣「因果相生」的道理時，不禁會問，為什麼無明心行會形成物質世界以及五蘊之身？它本來可以永遠停留在無明心識狀態，像天使或諸神一般繼續造作，不是嗎？近代考古生物學早已證實，物質生命的結構以及構成元素的本身都具有維繫生命的本能。例如在嚴寒地帶，動物多油脂皮毛，在炎熱地帶，則會演化出仙人掌類的植物，保存稀有水分而得以生存，那麼，原本清淨虛空的心性，會發展出一具麻煩的身體來，絕非偶然，必有它的目的。我們若了解身體的存在是基於哪一類心理需求的作祟，我們才會知道如何去化解身體的問題。

　　《奇蹟課程》借用心理學的理論，解析給我們看，身體
與小我（即我執）之間是如何唇齒相依、狼狽為奸的。身體
是我執的具體化身，也是小我所有自衛招數中最高明的一招
。它好似罩在小我上面的隱身衣，遮掩我執的虛幻面目，並
且造出眼耳鼻舌來證明自身以及外境的真實性，如此方能徹
底忘卻自己「本來唯心」的真相，從而執此身為「我」，與
它汲汲營營地共度一生。

　　身體套在心性之外，將原本渾然一體的心性分隔成無數
獨立的個體，使人再也體會不到我們原本一體的真相。我在
前文中已經提過，小我雖然想要遺忘自己所犯的原始錯誤，
潛意識卻認定自己犯了滔天大罪，等待著天譴。由這種內疚
與恐懼心態所投射出來的身境，基本上逃脫不了因果報應的
特質，形成佛教「業報身」的觀念。生老病死之苦與世事的
無常反過來又證明了人的脆弱與無能，使人更難相信自己內
在的圓滿佛性以及無窮的能力，只好轉身繼續求助於小我，
設法在此脆弱生命內苟延殘喘。

　　身體的無常與脆弱給了小我（我執）最好的自衛藉口，
也成為小我的攻擊武器。當小我為自己的攻擊而內疚時，雙
方的身體又成了代罪羔羊而承受苦果。想一想，我們的憤怒
不都是因為對方說了什麼或作了什麼？彼此的攻擊與懲罰，
哪一樣不是針對對方的形體而發的？其實，身體毫無作主的
能力，純粹聽命於妄心的指揮，但小我卻故意忘卻自心是始

作俑者，轉而諉罪於身體，懲罰他人的形體或折磨自己的身體，作為彌補。

我們既已看到了身體只是小我投射罪業之處，也是因憤怒而攻擊的對象，更是因內疚而受罰的代罪羔羊，那麼我們在修行中，處理身體的問題時就必須格外小心。虔誠的佛教徒常以地獄之罰、人間之苦來激勵自己，卻不知這種善意的勸誡可能更加鞏固了六道幻境的真實性，加深我們與圓滿實相的分裂感，再度激起與生俱來的無明恐懼。

若再以禪師的「牛車」為喻，當牛車不向前走時，應該鞭牛？還是打車？答案不言自明。但已落於物質世界中的我們早已與身體認同了，眼中只有車，根本看不見牛，又如何驅使牛車？只好終日枯坐蒲團，或苦參公案，總覺得少了一個方便下手之處。身心之間，可謂是咫尺天涯，雖然同出一源，如今卻有千山萬水之隔，不僅難通訊息，還相互戕害。因此不論是透過刻苦身體、調理身體或是轉化身體，倘若忘了它的肇因，其結果，只是緣木求魚罷了。

密宗則有一種方便法門，名為本尊瑜珈。它本著「境由心造」之理，設法逆轉我們「妄心造妄境」的錯誤軌跡，來重新造境。將自身觀想為佛身，將外境觀想成壇城。當初人類在無明之中，為逃離虛空清淨的本體而造出物質世界；如今我們本著清淨之心，藉觀想力，在世界與身體之外重造

一個光明淨土以及透明無質礙的佛身，藉此超越物質世界與血肉之身的束縛。

　　然而，不論是修禪宗的直指心性或是修密宗的本尊瑜珈，我們都得先處理內在根深柢固的「我不是佛」、「你也不是佛」的信念，而我們所受的宗教薰習也一再提醒我們罪孽深重，福德不足。於是我們一邊修本尊法，一邊肯定自己不是佛；一邊觀清淨壇城，一邊視周遭的人物或世界為魔障。所修與所想完全矛盾，互相否定，何時才能成就本尊，證入淨土？

　　我記得有位活佛說過，觀想之境離不開觀想之心，我們若懷著地獄輪迴的戒懼之心來修「蓮師法」，蓮師便徒具其相，其本質已經淪為閻王了。我們若以匱乏之心來求觀音，則觀音菩薩的本質也無異於財神了。原本殊勝的本尊瑜珈，不僅未能提昇淨化我們，反而更證明了我們的不淨與不足，一腳又將我們踹回了恐懼與內疚的無明深淵。

　　至此，我們便不難了解為何修行的次第如此重要。不同的法門次第必須配合不同的「見地」。密宗的種種「加行」，基本上是為了幫我們看出小我的虛妄而起修行之心願。但開始修本尊法時，則需要「大手印」或「大圓滿」的空性智慧來配合，使我們在座上以及座下，都能突破表相而認取光明自性，也就是密宗所謂的「佛慢」。

　　基於我們早已遺忘了自己的清淨面目，時時自慚形穢，處處惶恐無助，「佛慢」豈是蒲團上那一兩個小時能夠建立起來的？《奇蹟課程》看出，人生的痛苦都是基於認知的錯誤，故扭轉的關鍵不能只靠「外修」的法門，而應修正內心錯誤的知見。修正的方式有二，一是破除妄見，二是建立正見。我在前文〈世界即道場〉中已經介紹了「破除妄見」的練習，它如何領著讀者一日一課地看清，世界原是自己的心態投射出來的。我們若想清除自己所營造的幻境，內心必會產生落空的恐懼，頓失所據，此刻，「建立正見」便成了當下的急務。

　　因此《奇蹟課程》又將所謂的「佛慢」編成一套心理課程，喚醒我們自性光明的遠古記憶。由於我們已落於物質的幻境中，只在理念上下功夫，是不足以轉化千古無明的，故〈練習手冊〉要讀者將它所提出的正念具體應用在日常生活中，直到它具體化為神通自在的奇蹟經驗，才能一點一滴地瓦解我執的千古妄念。

　　下面的練習即是〈學員練習手冊〉的心理復健課程，這些課題對佛弟子可能毫不陌生，只是礙於名相上的見解，從未想過把它轉化為具體的生活實踐而已。

　　上述的心理操練與「本尊瑜珈」幾乎有異曲同工之妙。我們不能一邊修本尊法，一邊視自己為「業障鬼」，必須隨時警覺自己「非佛」的信念。《奇蹟課程》具體教導讀者如何以正念來取代我們自貶或自責的念頭。每天試著以「自己是本尊」之念對待身邊的人，去作該作的事，外境怎麼可能不隨之神通變化？

　　行住坐臥都能視自己為本尊，稱之為「佛慢」。它與「傲慢」不同，「傲慢」是建立在與身形有關的能力上，「佛慢」則是基於對自性的先驗肯定。凡是學習由此角度來認識自己的人，不可能看不見他人也是「本尊」的，自然不易受

其外形或言行所障蔽，而能夠認出對方錯誤行徑之下本來清淨的本性，由衷發出尊敬之心，這是寬恕的真諦。因此，當人們在日常生活中不再批判或懲罰他人的錯誤，這人其實已經無聲無息地實踐「自他不二」、「佛與眾生不二」的圓滿見地了。

如果我們真的相信「心淨則土淨」、「心轉則境轉」，我們不必等到大徹大悟才能享受到解脫自在的善果。只要解開一個心結，心中便多一份光明，修行路途便平坦一點，這是隨時可以在日常生活中驗證的。反之，如果修行道上，人人反目，處處生障，我們便知道，有待拯救的不是別人，而是自己的「心」與「見」。

我們一旦有勇氣為自己的一切遭遇負責，那麼狀似萍水相逢的人、事、境、相，頓時便有了新的意義，他們不是來懲罰我們或阻礙我們修行的，而是上天派來玉成我們的「增上緣」，每一個「麻煩」都可能是佛菩薩為我們精心設計的必修課程，幫我們勾出深藏不露的心結。《奇蹟課程》說：「一位弟兄等於所有的弟兄，一個心靈包含了所有的心靈，因每個心靈都是整體。」換句話說，一解一切解。剛開始時，難免千頭萬緒，但只要我們肯踏實面對，誠心化解，千奇百怪的凡俗問題，慢慢都會指向個人最深的無明心態。

　　常觀自性的清淨與光明會帶給修行人極大的生命力，也是我們轉識成智不可缺的能源。以前我們明知是苦，卻放不下；明知是妄，也轉不成，只因我們身心承荷太重的負擔，心靈承受太多的創傷。因此，當我們修本尊瑜珈時，重點不在於觀想，而是扭轉我們對自己與別人的錯誤認知。於是，出現於周遭的人，發生於生活裡的事，都成了我們練習的道場，直到我們能在他人身上看出佛性，在紅塵中看到淨土為止，就這樣，人生噩夢逐漸轉為美夢，那麼實相的曙光便不遠了。

當你撤銷了過去，又把未來由那古老的恐懼
中釋放出來後，你不但找到了解脫之道，也
帶給世界一個出路。

當下即永恆

　　時間乃是我們物質生命的主軸，我們的生活「無時無刻」不被時間所控制，大自然以及我們的肉身都是隨著時間而譜出春夏秋冬、生老病死的自然流程，我們全在無情的年歲下「討生活」。

　　《奇蹟課程》認為，時間與世界、身體一樣，都是小我（我執）逃避實相的伎倆，它在無相的實相之外投射出有相的世界，又在永恆的實相之外投射出三世時間，整個娑婆世界都建立在時間幻相的基礎上。

　　一般人常誤解了永恆，以為永恆是時間直線式的無窮延續，其實，永恆與時間無關，它與時間的唯一交會處，只是「當下」。故唯有活在當下，才可能經驗到實相，也可以說，「當下」乃是實相的窗口。

　　正因如此，迴避「當下」，成了小我自衛的急務，於是它發明了直線性的三世觀念。時間乃是小我與實相玩捉迷藏的地方，它將永恆的當下分割成三段：過去、現在與未來，

其實在小我的心中，「過去」才是它的最愛，因為它在那裡
儲藏了自己造作出來的一切經驗，不論過去多麼痛苦，仍是
它生命中最有意義的一部分，可以說，小我完全根據過去來
評估現在以及詮釋未來。

反之，「現在」對小我毫不重要，它永遠忙著回憶過去
，策畫未來，最多只是把過去的經驗，透過記憶，在此時此
刻再溫習一遍而已，即使當前的人與物已非昔日阿蒙，小我
毫不理會，它仍是一貫地根據過去的經驗或感受來反應，使
得現在成了過去的延續，同時也確保了自己的將來也會跟過
去一樣。這種一貫性能帶給小我莫大的存在感與安全感。

由於小我（我執）等於過去經驗的總和，因此，它不會
輕易讓過去成為過去的，它必須不斷讓「過去」還魂。惟有
「過去」不斷存在，它才能繼續存在，這是小我的「三世遊
戲」，把「現在」夾擠在過去與未來之間，致使我們在現實
生活中幾乎遺忘了「當下」的存在，切斷了我們回歸實相的
通道。「太陽底下無新事」，只好繼續背著過去的包袱，以
妄孳妄，以業造業，一生忙著補償永遠償還不完的罪債，所
有的念頭都繞著過去與未來打轉，就是不讓自己活在當下，
面對實相的窗口。

總之，不論是世界或時間，都是小我（我執）在無明恐
懼的慫恿下逃入另一天地的伎倆，把自己改頭換面，由心性

（mind）的層面降格為失心（mindless）的物質生命，由永恆（timeless）逃入時間（time）之中。我們已說過，世界的出現本身就是為了逃避問題真相而製造的幻境，這充滿罪業恐懼的心識很自然地投射出一個充滿痛苦懲罰的報土。如此小我便由「始作俑者」搖身一變而成了一個可憐無助的「受害者」。它寧願忍受六道之苦，也不願看出這一切原是自己所造的一場惡夢。

如此，時間與世界合作無間，使我們有心歸家，卻感到無路可回，世界的存在讓小我「親眼看見」外在的一切確是痛苦的根源，促使我們終日忙著解決外在的問題而無暇面對自己的心念。時間的存在使小我永遠理直氣壯地按照過去的經驗來界定目前一切的意義，不斷以早知行不通的舊把戲，去撞同一面牆，愈陷愈深，難以脫身。

這就是為什麼我們在靜坐中常感到「樹欲靜而風不止」的無奈，我們的念頭如頑猴般在過去與未來之間跳躍，如水流般一刻不止，這是小我的自衛本能，是壓制不住的。只要小我仍然感到外在的威脅，或害怕回歸實相，就不可能不向過去求援，為自己解圍。因此，若要靜心，不應壓制念頭，而應化解我們潛意識裡的無明恐懼。

佛陀給了我們兩字訣「放下」，我們也明白這是唯一解決之道，然而，要切斷我們八識與根塵的牽絆，需要深度的

心理重建。既然妄心的造作是源自無明之恐懼，我們需要治癒心中的內疚，把心先安下來，它才可能停止作怪。故這個「放下」，絕不是一個理念或發心就能扭轉乾坤的，它需要經驗在後支撐。

《奇蹟課程》說：「你無法了解時間，事實上，你什麼都不了解。」（W-8.1:6）最近也在報紙副刊中看到這一段話：「在聽過了那麼多振振有詞的關於『演化』的學說之後，如今終於有學者告訴我們，其實，有關生命的規則，並無規則，一切充滿了偶然，所有的預言都是人類的自以為是，因此，宇宙的真正面貌依然無解，依然無解。」（席慕容）

世界既然是「無明之念」的呈現，它的本質必是「無明」，充滿矛盾與混亂，乃是意料中之事。時間則是小我這位魔術師袖中最高明的幻術。因此《奇蹟課程》沒有給出一套完整的「世界觀」或「時間觀」，它知道這類沒有結論的哲學思辨，只會把人引入小我「去找，但不要找到」的陷阱裡。

時間本身雖非理性的產物，也非我們所能理解的，但《奇蹟課程》依舊傳授我們一套「以其道還治其人」之法，破解時間幻相施於人間的魔咒。這一套獨門絕活就是寬恕。

在娑婆世界裡，過去現在與未來的三世時間掌控著人間每天的生活，而我們每天的經驗又反過來支持三世的時間

概念，於是時間與經驗在相互證明著彼此的真實，彼此還生死攸關。這一切給了我們「自衛與攻擊」的最佳藉口，不斷將我們打回小我的「罪─咎─懼」三部曲中。

然而，《奇蹟課程》卻教我們去寬恕時間幻相內所發生的一切，這是推翻時間對我們的界定與控制最有效的方法。它說：時間不只是虛幻的，而且已經結束了。你所看到的一切只是重複播放的錄影帶而已。不論你看到什麼，它們其實只是一個已經發生而且已被寬恕的一個夢。

因此，《奇蹟課程》的寬恕絕非一般人心目中的「你作錯事，虧欠了我，而我寬宏大量原諒你」的美德而已，它實際上瓦解了維繫著娑婆世界的時間律與因果律。它好似說：「我既已把自己不敢面對的罪咎投射到你身上了，此刻，我願收回投射，讓你看到你的行為對我沒有產生任何影響，如此便推翻了因果律，也打破了過去未來的假相，你的罪便沒有立足之地，使我們得以認出彼此的純潔無罪。」這種「寬恕」硬把每日稀鬆平常的行為，轉化為超越三世的大智大仁之舉。

在這裡，讓我再次用密宗的「根、道、果」的說法來為佛學讀者詮釋《奇蹟課程》的寬恕。

1）寬恕之根：超越三世的般若智慧

　　了解我們與實相的分裂只是一個沒有真實結果的妄念。換句話說，我們沒有離開實相，流轉於六道只是一場噩夢，真實的我們仍然安居家中。如此，我們才可能另生清淨慧眼，看出世界並沒有懲罰我們，他人也沒有傷害我們，這一切不過是分別妄念的投射而已，這是最有效的「安心法門」。

　　第 31 課　我不是眼前這世界的受害者
　　第 32 課　我眼前的世界是自己營造出來的
　　第 33 課　還有另一種看待世界的方式
　　第 34 課　我能看到平安，而非這個
　　第 36 課　我的神聖本質籠罩著我所見的一切
　　第110課　我仍是上主所創造的我
　　第153課　不設防就是我的保障

2）寬恕之道：放下自己的批判，即寬恕我們認定別人做了，而他其實並沒有做的事情

　　想要扭轉百千萬劫以來的習性，確實不易，〈學員練習手冊〉先提出將近一個月的課程，讓學生經驗一下自己是如何營造出周遭世界的。解鈴還需繫鈴人，它把轉變的主權與能力交還到我們手中，教我們如何收回投射，重新造境。然後又提出二十餘課的練習，讓學生感受一下自己的光明本

性，試著在日常生活中破除我執的錯誤形象。然後繼續調練我們的六根，試著以清淨心去看六塵；一旦六塵在我們的慧眼下淨化後，我們的六識就不再受虛妄世界的戲碼所蒙蔽，清淨正見方有升起的餘地，破解「我識」的執著，進而熏習妄心的無明種子。

　　第121課　寬恕是幸福的關鍵
　　第122課　寬恕會給我想要的一切
　　第126課　我所給的一切，其實都是給我自己的
　　第132課　我要把世界由我所認定的樣子中釋放出來
　　第135課　自我防衛表示我受到了攻擊
　　第139課　我願親自接受救贖
　　第193課　一切事情都是上主要我學習的課程

3）**寬恕之果：即是奇蹟。佛教所謂的「心淨則土淨」即是《奇蹟課程》所謂的「真實世界」**

　　世界既是妄心的投射，當我們收回自己加於世界的妄念時，世界便由我們所謂的「自然律」中解脫出來了，於是一切事情都成為可能，心想事成，神通變化。《奇蹟課程》將根塵世界的淨化稱為「奇蹟」，而「奇蹟」與「真實世界」的本質都屬於心念層次，不受制於現象界，因此它與外境看來究竟如何並無關聯，它所依賴的，乃是你我的清淨慧眼。

第 77 課　奇蹟是我的天賦權利

第 78 課　願奇蹟取代所有的怨尤

第 80 課　願我認清自己的問題已經解決了

第159課　我要將自己所領受的奇蹟分施於人

第199課　我不是一具身體，我是自由的

第349課　今天，我要讓慧見代我去看一切事物，不再妄加批判，只給予愛的奇蹟

第350課　奇蹟反映出上主的永恆之愛，施予奇蹟就等於憶起上主，並透過祂的記憶而拯救世界

　　奇蹟的一大特質便是超越時間與物質世界的自然律，它在當下一刻化解了過去的束縛，解放了未來，使過去的一切不再延續到未來。奇蹟只會出現在時間領域中；只要放下人我對立、空有對立的妄念，時間便瓦解了。

　　藉著寬恕，思想之源已發生了變化，因為改變你的心意，意味著改變了你現在、過去或是未來所有一切想法的源頭。你把過去由往昔的想法中釋放出來了，你也把未來由種種古老的想法中釋放出來了。

　　如今，當下此刻成了唯一存在的時間。世界就是在這當下一刻中重獲自由的。當你撤銷了過去，又把未來由那古老的恐懼中釋放出來後，你不但找到了解脫之道，也帶給世界一個出路。

> 今天的課程不過是以另一種方式說明了：了知
> 你的自性，世界就得救了。只須改變你對自己
> 的看法，世界就由各種痛苦中解脫了。沒有一
> 個世界離得開你的觀念，因為觀念離不開它的
> 源頭，世界是靠你心內的意念而維繫下來的。
>
> （W-132.10:1~3）

　　時間的幻相，過去的陰影，就這樣在寬恕中化解了，無明心境的分別妄念也獲得了治癒，每時每刻，每人每事都成了你「轉識成智」的機會。當你寬恕一個人，所有的人都被你寬恕了，因為他們全出於同一妄念，因此，要解三世的纏縛，就看你面對眼前人事物的一剎那之抉擇。這種人生充滿了挑戰，也充滿了希望，因為不論我們犯了什麼錯誤，它最多只是延誤歸家的時辰而已，卻損傷不了我們本來圓滿的自性。這是一條不可能失敗的心靈旅程，這一觀念怎能不使我們在人間的步履日益輕盈？

寛恕一位弟兄，不只自己蒙受寬恕，
整個世界都在這寬恕中獲得解脫。

寬恕即菩提

　　一般宗教大都採取漸修的方式，視己身為業報之身，在六道時空中一面還債受報，同時積德修福，希望終有一日能滴水穿石，悟見本來。卻不知我們在精進之際，已經把業報當真，把三世當真，把人我當真。而業報、三世、人我原是為了扭曲實相而形成的障眼迷陣，我們怎麼可能一邊把幻境當真，一邊又冀望看見實相？我們的分別心，有如含著種種礦物雜質的水，不僅沒有穿石之力，反而晶體化，另造一番眩目懾人的鐘乳奇觀，成就了眼前壯麗卻荒謬的娑婆世界。

　　我發覺愈是虔誠精進的佛子，分別取捨的傾向可能愈大。明知「分別是妄」，卻不知如何在五濁惡世活出「不分別」之境，愈修愈深的挫折感，會激起強烈的厭世棄世之心，生起另一種型態的五毒：他不貪世間財物，卻四處追求名師捷徑；他不瞋不怒，卻鄙夷世界與俗人；他通曉經論，卻充滿了憂懼與內疚；他外表謙虛，卻暗藏高人一等的優越感；他不欣羨世間的成功，卻覬覦同道的成就。

　　《奇蹟課程》告訴我們，若想要放下這些根深柢固的妄念習氣，必須培養寬恕的慧眼，看出外在的幻境都是自身的投射，不再諉罪他人，為自己的境遇負責。因為我們了解，世上沒有一件事情能夠不經我們的許可而降臨於我們身上，我們才是自己生活的創造者。它說：

> 我應對自己所看見的一切負責。
> 我所經驗到的感受是出於自己的選擇，
> 我有意完成的目標也是出於自己的決定。
> 我所經歷到的一切，都是我自己招惹來的，
> 我所接受的也是自己祈求來的。
> 面對自己的遭遇，不要再如此的無奈無助而自
> 欺了。我只須承認自己犯了錯誤，從此就能不
> 受其遺害所苦。（T-21.II.2:3~6）

　　剎那間，我們所面對的世界呈現出兩種截然不同的面目，一是慧眼下的世界，也就是真諦；一是肉眼下的紅塵，稱之為俗諦。我們若要轉變人生的軌跡，必須在這十字路口作一抉擇，我們願以慧眼去看眼前的事物，還是隨從肉眼的詮釋，忙著消災、除障，繼續與這些表相糾纏下去？

　　佛教常以「發菩提心」作為修法之始，實有深意，因一念之差，方有眾生、佛陀、輪迴、涅槃之別。無明妄念原只是一個錯誤的抉擇，所謂的業報，也不過是一種生活的考驗

，針對過去未曾學會的一些課題，給予我們補修的機會。在那兒，我們會聽到「自性」溫柔的呼喚：「老兄，重新作個選擇吧！」

《奇蹟課程》提供我們許多觀念，讓我們在人際關係中練習，將我們的「分別意識」轉變為「一體慧見」。在此不妨提出幾個例子來加以說明：

（一）施與受不二

我們常聽說：「施比受更為有福」，這句話中仍含有對立與比較的心態，《奇蹟課程》的練習則始終著眼於究竟的一體實相，讓我們體會到「施與受其實是同一回事」。

第108課　施與受在真理內是同一回事
第126課　我所給的一切，其實都是給我自己的
第342課　我願寬恕臨幸於萬物，如此，我才會蒙受寬恕
第344課　我給弟兄的禮物就是我給自己的禮物
第345課　今天我只施予奇蹟，因為我願得到奇蹟的回報

活在世間的我們一向覺得自己與他人是分立的個體，別人的所作所為，只會衝擊我們有形的身軀，卻改變不了我們的心境；以為他們所犯的錯也不會影響我們的自我觀念；以為我們批判別人時，自己能夠不受波及而自在地活下去。《

奇蹟課程》徹底推翻這一謬見，它強調：「我的看法所導致
的後果，並非我單獨承受。」「當我痊癒時，我絕不是獨自
痊癒的。」我們的一言一行都直接衝擊到彼此的自我觀、人
生觀與宇宙觀。

> 如今，對於那些期待你來解放的人，你的嘆息
> 違逆了他們的希望。你的眼淚也成了他們的。
> 你若病了，也會延誤他們的痊癒。你的恐懼只
> 是告訴他們，他們理當恐懼。你的手帶來了基
> 督的慰藉，你已轉變的心靈證明了，凡接納了
> 上主恩賜的人，不可能受任何苦痛。你已肩負
> 了將世界由痛苦解脫出來的重任。（W-166.14:1~6）

　　施與受表面上有先後與你我之分，在實相內，兩者是同
時發生的，因為施予證明了擁有，凡能給出的，才算真正屬
於我們的，也表示我們真正領受到了。這是很容易驗證的事
，它在〈學員練習手冊〉中教我們花幾分鐘的時間，試著由
心中將自己渴望的平安、寬恕以及愛傳送給另一個人，然後
靜止片刻，我們就會感受到自己所給出的禮物會以恰如你所
需的形式回到自己的心中。

　　這便是奇蹟的妙用，它會照亮我們的心，讓我們經驗到
彼此生命相通之處，我們若能寬恕一位弟兄，不只自己蒙受
寬恕，整個世界都會在這寬恕中獲得解脫。

（二）教與學不二

在世俗的觀念中，教師與學徒好似相對的兩人，教師所教的東西是給學徒的，而不是給他自己的。《奇蹟課程》卻說：教就是學，每一個人都同時扮演著老師與學生的角色；關鍵不在於我們願不願意教人，而是我們根本沒有選擇的餘地，我們隨時隨地都在向人傳授自己的生活理念。

世上只有真諦與俗諦兩種思想體系，我們的言行舉止隨時透露出自己的立場，並為自己所信的那一體系作證。因此生活中的每個機緣都是彼此教與學的教室，我們的言行究竟是在提醒人們的罪業，加深對方與生俱來的生存憂患？還是為他人展現另一個平安清淨的境界？不論我們教什麼，自己便會學到什麼。當我們批判別人時，等於再一次聲明幻境的真實性以及錯誤的不可寬恕；當我們寬恕時，則是為彼此神聖無染的本性作了一個見證。

每個人身邊都有他的老師與學生，彼此素昧平生的人突然在某一時間、某一地點相遇；表面上有先覺與後覺的不同，其實在實相內都是同時發生的。真正在教的並非有形的你或我，而是聖靈或般若自性。我在此摘錄《奇蹟課程》的練習片段以供參考：

第158課　今天我要學習把領受到的一切分施於人

　　上天究竟賜給了你什麼？就是這個真知：
你是心靈，在天心內，純粹唯心，永遠無罪，
一無所懼，只因你是愛的創造。你從未離開過
自己的終極根源。這天賜的真知，你是永遠不
可能失落的……。

　　這是可以傳授的，也是所有有心獲此慧見
的人必須傳授的。這就是你今天要給的：不把
任何人看成一具形體。視他為上主之子，向他
致敬，並明認他在神聖之境中與你一體……。
就這樣，你學習把領受到的一切給予出去。也
就這樣，（基督）慧見同樣臨幸於你。這一課
一點兒都不難學，只要你記得，你在弟兄身上
所見的不過是自己而已。他若在罪中喪亡了，
你也會遭遇同樣的下場；你若在他內看見光明
，你就已寬恕了自己的罪過。你今天所遇到的
每個弟兄，都再次給你一個機會，讓（基督）
慧見光照你，帶來上主的平安。

經驗是無法傳授的，但老師能夠為正念作見證，給予他
人一個「重新選擇」的機會。外表殘酷的惡行，透過他的清
淨慧眼，成為一種求助的呼籲，於是弟兄的罪業便在他的寬
恕中消失了蹤影，而弟兄的清淨面目也成了他正在尋找的生
命見證。

（三）自度與度人

　　《奇蹟課程》與佛法一致指出，人類用名相把原本一體的實相分割得支離破碎，因著名相，世界變成一連串的分立事件，互不關聯的萬物，個別獨立的形體，各自擁有一點心靈，成為個人的分別意識。人是不可能懷著孤立分別隔絕的心態而悟入一體實相的，我們必須在心靈內先建立起「一體」的覺受。這是可以學習，也是行者必修的課程。

　　它提醒我們：當我們治癒他人時，才會明白自己已經得到治癒，當我們寬恕他人時，也才會體認出自己原來早被寬恕了，於是與生俱來的內疚與恐懼便逐漸化解開來。如今藉著眼前的弟兄，我們認出彼此的無二無別，那麼我們便與圓滿一體的本來面目不遠了。

　　因此，眾生不是我們救度的對象，而是前來引度我們的菩薩。面對他，你可以視他為本尊，也可以視他為凡夫，不論我們在他身上看到什麼，都只是反映出我們對自己的認知而已；我們或是一起成為批判與恐懼的奴隸，或是一起遠離黑暗而步入寬恕所帶來的光明。

　　佛法有云：「自覺覺他」、「自度度人」，自覺與自度總是放在覺他與度人之前，其間並無先後次序的不同，兩者其實是一物的兩面，當人自覺時，體悟「自他不二」，「覺他」便在「自覺」中完成；當人「自度」時，體悟本來清淨

，無人可度，於是「度他」亦得圓滿。因此，修行重在自度，度人只是自度過程的必然經歷，因為所有問題的關鍵都在自己的一念。

《奇蹟課程》最大的弔詭是，它雖一再強調自覺與自度的重要，卻同時指出，自覺與自度的道場不在自己身上，因為小我早已把問題投射到外界去了，若非身邊的人有如照妖鏡一般，把問題反射回來，我們是很難看清自己的問題的。

每個心念都有束縛或釋放自己與對方的力量，一個正念或慧見能喚醒對方對自己生命真相的遙遠記憶，也使我們本來一體的真相得以浮現出來，一點一點泯除「我執」中的分別意識，準備好領受實相的一體祝福。

為此，我們怎能不向身邊的人獻上最深的感恩，他們的臨在帶給我們回頭的機會，不論他們自己意識到與否，他們都是引度我們的菩薩。因此我們感恩：沒有一個眾生是我的外人；我們感恩：沒有一個罪業能損傷自性的圓滿；我們更應感恩身邊的「冤家」，若非他們，我們的庸碌生命難以轉為神聖的道場。

而這種恰如其份的感恩，不只激發了我們的菩提心願，還會奇妙地治療我們深藏不露的內疚，讓我們和諧地與世上弟兄一起踏上歸家之路。於是，心境愈走愈寬，路途也愈走愈坦，修行成了人間樂事。

生命的密碼不是刻在星辰之上，
而是蘊藏在我此刻的身心之內。

內觀隨筆

因緣成熟

生有時，死有時，喜有時，悲有時，尋找有時，失落有時，春生有時，秋殺有時……。

修行也有時。

只要一起修行之念，我們的眼光很自然地舉向某一典範或遙遠的未來，終其一生的追逐，永遠望塵莫及。常常無奈地顧影自憐一番，發覺自己既不聖，亦不賢，連個「好人」也未必稱得上，慢慢地，連自己也搞不清自己修成什麼了。

只因我們尊聖效賢的倫理教誨，容易導引出「東施效顰」的模式，使我們不自覺地去修他人之行，想活出他人之善，而愈來愈疏離了自己。

我們來到世間之前，所選定的誕生時空，身形氣質，以及家庭環境，在在顯示自己對這一生多多少少有了一些腹稿

；這些外在的條件設定，恰恰反映出內在小我（ego）對自己的看法以及對人生的信念。因此，若想改寫生命的歷程，我們得先認清小我的人生藍圖及它一手遮天的本領，才好見招拆招，扭轉此生的軌跡。誰也無法修練別人的功夫。

我記得曾看過一部警匪片 Heat（烈火悍將），一位警探追捕一名黑道通緝犯多時了，逐漸生出惺惺相惜之意，發現彼此的心態歷程幾乎雷同，只是一人扮演官兵的角色，另一人扮演強盜。那名通緝犯向勸降的警探苦笑著說：「你有你的路，我有我的路，我們只能做自己最拿手的事。This is what I do！」

那麼我的課程是什麼？這一問題只有自己能夠解答。有趣的是，雖然這是「我的」生命，似乎沒有一件事操之於我，我無法選擇明天的遭遇，也無法決定明天的課程，我所擁有的只是眼前這一刻，也只能決定如何活出這一刻。

誠實一點的人，都會承認，現實生活中的我們，活得相當矛盾：心裡想要的，自己卻做不到；臨頭的常是自己不想做的事情。為什麼呢？因為我們想要的可能不是現在應修的課程；臨頭的，卻是我們應修卻仍想逃避的課程。當心中想要的與應修的課程對上之時，就是所謂「因緣成熟」了，在因緣成熟之下進行的事，常有水到渠成、有如天助的效果。

　　我怎麼知道自己的決定是「因緣成熟」的一種選擇呢？
哦，你知道的，只要你肯誠實聆聽內在的聲音。「因緣」不
會因為你求好心切的善意就成熟了，也不是因有名師的指點
就成熟了，這個秘密只有你能找出。它其實一點也不神秘，
就是不自欺地覺察自己的身心反應，在自己有限的能耐下作
出最誠實的決定。除此之外，有誰能要求你更多？

　　修行人都應具備這一「自知之明」的涵養，它所知的當
然不是自己的缺失，也不是你心裡的夢想，而是放下自我批
判之心，了了覺察自己此刻的生理與心理狀態，認出這兩者
是如何互為表裡地演出目前的「你」來的。

　　這一「自知之明」顯示了一個人內在的整合性（integrity
）。家庭主婦與江洋大盜的整合標竿必然不同，但雪梅能在
寒冬綻放，杜鵑則需等到春雨來臨，兩者都能在不同的條件
與時機下成熟，放出他們最美的色彩與芬芳，這是無法比較
，也非他人所能評置的。

　　生命的密碼不是刻在星辰之上，而是蘊藏在我此刻的身
心之內。只要我們能誠實面對身心的現狀，便不難看到此刻
的自己哪一方面的因緣成熟了，它正等待著我們的認可（選
擇），就可展翅高飛了。

　　我今天身心的整合程度也許比不上上個月的表現，也遠

不如你的成就，但它如此真實，是我的一步，具具體體地踏在人間土地上，透過我目前的整合程度，盡我所能地綻放出一朵不知名的花兒。

　　為此，我再度回到內觀中心，誠實面對自己身心的整合基數。

＊

圓滿的蒲團

　　久違了，諾斯佛克（North Fork），松林依舊，老屋依舊，穿梭著似曾相識的臉龐，一切依舊。

　　夏初，是豆莢花盛開的季節，繽紛遍野，我找不出什麼婉約的詞句，只有「滿坑滿谷，滿谿滿壑」足以形容它的大氣磅礴。

　　在大殿裡，近百人端坐在蒲團上，同俯仰，共呼吸。葛師熟悉的叮嚀在耳邊響起：「無常啊無常，它生起，它消逝，瞬息變化。不要執著，不要懊惱，耐心地，恆心地，精進地修持……。」

　　止觀是小乘佛學的精華，強調無常、苦、無我的人生層

面，斷除人們對自我的執著與對世界的依戀，而重獲心靈的寧靜。從理論上說，這是絕對站得住腳的，若由心理學著眼，則並非容易之事。

你說，生命是無常也好，人生是苦也好，我若認定這是我所擁有的一切，敝帚也值得珍惜！因此在一呼一吸之間，五蘊依舊熾盛，妄念綿延不斷，正是因為小我深怕落空，總想為這過於單純的呼吸增添一些趣味與色彩。

小我來自虛無，故最怕虛無。當我們有事可忙時，不覺妄念紛飛；一旦刻意止念，小我便驚惶地反彈，雜念破匣而出，一發難收。因此，壓抑、限制或否定的方法，通常不是調理小我的最佳法門，小我需要安撫。故在觀「身無常」之刻，切莫忘記「無常」之下有一不生不滅、不來不去的「常」。唯有端坐在恆常圓滿的體性上，小我才會安心就範。

小乘止觀雖然也在生起、幻滅、無常的現象之後，提出寂靜涅槃的遠景，但那圓滿境界終究還在百千萬劫的時空之外，難以撫下小我當前的恐懼，因此，當我在做呼吸冥想時（Anapanasati），我提醒自己：

> 這一呼吸圓滿無缺，
> 這一呼吸到此結束，
> 這一呼吸已經過去。

　　第一句的「認可」，從心理學上講，乃是一種安心的手法，在大乘的體系下，則屬於大手印與禪的智慧。這一口氣本身圓滿，不是為下一個呼吸做準備，更不是為三天之後的觀身（Vipassana）做準備。每一個呼吸的生起與幻滅都在「本來圓滿」的基礎上，完美無缺地生起，完美無缺地過去，不待任何修飾或彌補。每一個呼吸都是全新的開始，我無須立志十天內悟道，也無須保證這一座不起妄念，此刻的任務只是照料這一口呼吸而已，於是，成道的重擔便由肩上滑落了，修行成了如此愉悅的享受。

　　當妄念起時，必有其因，因此，它的出現，不是問題，而是恰逢其時，恰如其份。只要我一覺察它的存在，便如對待呼吸一樣，對它說：

　　　　　　這一妄念圓滿無缺，
　　　　　　這一妄念到此結束，
　　　　　　這一妄念已經過去。

　　這樣，我又回到了「本來圓滿」的原點，重新開始。

　　正因本來圓滿，一無所得，自然不會執著；既然一無所失，自然不生懊惱；那不生不滅的本體隨時在心中照耀，我們才可能在雜念迷宮中打了好幾個轉以後，毫不愧疚地重新出發。

　　一個需要跋涉萬里，不見盡頭的旅程不可能不走得氣喘吁吁的。一個有百千萬劫的業報待消的旅程，不可能不修得愁眉苦臉的。《奇蹟課程》說：心靈的旅程是沒有距離的（It is a journey without distance）。這意味著時空的虛幻性，即使我們幻化出三世宇宙，其實我們從未離家一步。修行之路絕不是向前奔去，而是當下即至。只要相信孫悟空再大的筋斗也翻不出如來佛的手掌，我們的每一呼吸能緊接在靈氣之源上，人生道路上每個顛仆都不曾滑出生命的本壘，如此，我們才能安心地呼吸，安心地觀身，安心地冥想。

＊

苦行的抉擇

　　每天，我們由清晨四點坐到晚間九點，精進的程度，聽起來令人蕭然起敬，其實，內觀的作息表設計得相當有彈性，一天只有三座半需要在大殿裡正襟危坐，其餘的時間，個人可以回房靜坐，至於你在屋內是坐、是趴，也就沒人過問了。

　　儘管如此，每個人仍能在這一作息表上「各自表意」，受過禪七訓練的我，開始時，自然每座準時報到，不作他想，偶爾還會瞄一眼隔壁空蕩蕩的蒲團暗自批判一下：「真不精進！」

　　直到第三次內觀開禁之後，聽到一位約莫六七十歲的婦人一臉安詳地說：「這種閉關真是最好的度假！」我當場愣住了，即刻請益，才知道她每天只參加團體靜坐及開示，其餘的時間都在床上「休息」，而這也是一種「合法的」解讀。

　　內觀，即是小乘的止觀，源自《四念住經》（Mahasati-patthana Sutra），當初是佛陀傳授給弟子的法門，自然反映出當時印度瑜珈士離世苦修的精神。後人修此法門時，同時也接受了它的背景與形式，這一法門所要求的時間、形式以及懸樑刺股的精神，都成了悟道的必備條件。

　　相傳佛陀在世間開示了八萬四千法門，只因眾生備有八萬四千種根器，所有的法門都是佛陀針對眾生的種種習性而給予的「方便接引」而已。換句話說，必有錯誤的信念在先，才有修正的方法相應而生。因此，各種法門的產生因緣不在於佛處，而是基於我們的需要而形成的解決辦法。

　　我記得在電視連續劇「星艦迷航記」（Star Treck）裡，看過這麼一段發人深省的故事。有一回星艦遇難，幾位軍官無意間觸犯了某一星球的神諭而被符咒所困，艦長珍威（Janeway）必須通過種種考驗才能破除這一符咒。珍威抱著不惜一死的決心，接受蛇咬、火燒和水淹等等考驗，最後被逼到懸崖，卻連她手下的影子都沒看到。她感到受騙了，

向一路伴隨的嚮導抗議，嚮導說：「這些考驗跟我無關，是你自己認定必須赴湯蹈火才能拯救你的戰友而投射出來的場景。」珍威恍然大悟，立即放下抗爭與赴難的心態，僅憑著她對同袍的愛而解除了符咒。

在意識層面上，我們都有志一同地追求幸福，但在某些人的心底，「天下沒有白吃的午餐，你得準備付出代價」的聲音特別響亮，他便會在同樣的環境下為自己造出種種刻苦犧牲的機會。不僅靈修道路如此，連這一生每個偶然的遭遇，都是根據我們的信念量身打造出來的。即使自己活得痛不欲生，冥冥中仍然會有「這事遲早會發生」的宿命感，好似有一種神的旨意或是業力在後指使，自己毫無選擇的餘地。

只要我們能夠鼓起勇氣去面對真相，誠實地追問下去：這業力或天旨究竟藏在哪裡？你便不難由自己「日行而不知」的信念裡找出它的蹤跡。《奇蹟課程》一再提醒我們，痛苦乃是我們自己的選擇：我若認定自己必須上刀山下油鍋才能得救的話，很可能會生在烽火戰亂之地；我若認定犧牲是愛的必然代價，便可能落於一個「沒有我，別人就活不下去」的處境。內疚愈深的人，環境愈惡劣，可能活得愈帶勁，在人所不能忍的逆境中，活出生命的「光輝」。

修行亦然，「苦行」不是悟道的代價，而是我們的選擇，是潛意識中的信念為自己設計的修行藍圖。我願做苦行僧

或是快樂的學徒，全操之於我，而不在於修行的形式。因此，近百人同坐一堂，有人苦坐，有人樂坐，全在一念之轉。葛師慈悲地說：「精進！精進！精進！」我則解讀為「享受！享受！享受！」想一想，自己何德何能，身邊竟然有二十來位服務人員護關，連皇帝都未必有此福份哩！還不把握每一分秒，感恩地領受他們所付出的愛心。葛師說：「老學員一個小時內不要鬆腿，不可張眼！」我向自己的腿說：「你安心，我允許你動一百次。」一個小時便彈指而過。

同樣的環境下，因著不同的解讀，能為自己闢出截然不同的世界。環境的順逆不是幸福的條件，不論自己生在何處，都能「重新解讀」，See it differently，即使在內觀的精進道場裡，也能享受這一福份，坐久了，連身體都開始隨著葛師的唱誦而搖擺：Be happy, be happy, be happy！

✳

「無你」的智慧

終日端坐在蒲團上，閉著眼睛任由覺受在身體上下穿梭著，逼出每一吋肌膚下面的微細感覺，有時如電觸，有時酸麻，不論好壞，只要有覺受，心中便會竊喜「不虛此座」。

此時耳邊卻響起葛師的叮嚀：「好覺受，壞覺受，都一樣，不要被覺受所戲弄。你的目的不是增長覺受，而是在好壞覺受之間修個不動心，在覺受生生滅滅之際，悟出個『無我』的智慧。」

內觀的旨趣，是藉著瞬息變化的身體覺受，了悟出，自己的好惡悲喜原來只是一套本能運作的連環反應而已。只因反應的模式不斷重複，而逐漸定型，留給我們一個「主體」的印象，好像有個「人」在幕後操作。其實，一切活動只是身體與心念之間的相互反射，既沒有「我」這主體，那麼便沒有「我的」可執著了。

「我」若不存在，「你」的存在基礎也會隨之動搖。「你的」表現也不過是一套身不由己的反射現象而已，當衝突生起時，我們就比較容易把它當作一件自然事件來處理，而不會夾雜著強烈的情緒反應了。

可惜，小乘的修持常止於自身，由了悟無我而證入羅漢果，被中土大乘譏為「自了漢」。其實，小乘佛法從理念上來講是可以自圓其說的。既然「無一眾生可度」，所以「自了，他亦了」，何需多事？只是在修證過程中，我們必須追問：是否真有純粹「自了」的可能？

人類從入世開始，就是社群動物，他的生命內涵與周遭的環境已經交融為一體了。佛說：境由心造；《奇蹟課程》

說，他人與世界都是「妄心」的投射。然而究竟什麼才算是「自己」？絕對不限於這個軀殼之內；不僅是兒女親友，整個世界都可能是「我」的延伸，那麼，我是否能坐在蒲團上，觀一觀這一身軀，就能化解得了百千萬劫造就出來的我？

　　此外，我們還需把現實生活納入考量。現代人哪一個沒有家庭事業纏身，即使是出家人，也常有個大廟或一堆徒弟需要照料，一天中能夠安坐下來觀息觀身的時間微乎其微。內觀弟子剛由內觀中心回來時，總是心懷大志，不論多忙，早晨也要提早一小時起床，不論多累，晚間也需撐個一小時。靜坐的質與量，終於抵不住現實生活的壓力而一天一天地縮水，內疚與挫折也日日加深，於是，家人與工作都成了害我們無法悟道的罪人。直到一天，連坐都坐不住時，才驚覺，回營改造的時刻到了。

　　這一瓶頸是可以預料得到的，因為傳統的「止觀」本來就是為古代苦修的出家人而設計的，如何套用在當今ｅ世代的忙碌生活中？《奇蹟課程》提供了一個秘訣，它教我們**將蒲團上的「無我」修持，轉化為人際關係的「無你」智慧，內觀的慧力就在紅塵裡重生了**。

　　「無你」的修持，就是《奇蹟課程》的「寬恕」法門，它主張，若要徹底根除人類的痛苦，唯有寬恕一途，不是因為寬恕能帶給你什麼美德或境界，而是因為外境人事無一不

是你自己投射出來的，那些狀似害你的人，原是你自己邀請或打造出來，陪你修練這一生課程的；而他們也跟你一樣，身不由己地隨著內在的恐懼，與你相互反彈。你既然不是真實的「你」，那麼，他也不是真實的「他」，於是，世間的衝突就頓時單純起來。

我們也都聽過禪宗「直指人心，見性成佛」的真言，傳統的解釋是說，唯有直指自己的心，悟見自己的性，方能成佛，於是大家忙著參公案，能夠早日桶底脫落，大徹大悟。其實，人間最好的公案就是自己的親密關係，我們大概不少時候會望著自己的親人想著「我怎麼會娶回這種老婆？」「我怎麼生出這種兒子來？」那才是人生最大的公案。有朝一日，認清了自己與他們的特殊因緣時，你也就解開了你的人生密碼了。

每個人的生命密碼全藏在潛意識下，它不只是一套程式而已，程式背後埋藏著「不得不如此」的隱衷。為此，《奇蹟課程》提出一個較人性化的途徑，透過別人外在的不完美，學習指認每個人與生俱來的內在完美性，如此，我們便能穿透那「罪孽深重」的自我感，而感受到自己內在的完美本質了。

寬恕正是發揮「無你」的智慧，也就是「直指他心」，悟出那兒並沒有一個呲牙咧嘴的他，只有一個與你同樣的圓

滿自性，那麼，我們便離自己的圓滿實相不遠了。

　　猶記得早年跟隨南懷瑾老師學禪，他老取笑我們，不是在修「老婆禪」，就是修「野狐禪」，最擅長的，莫過於「口頭禪」了。而今，這「無我亦無你」的寬恕法門，何妨稱之為「奇蹟禪」！

下 篇

與宗教對話

《奇蹟課程》的真神：無相，空性，實相，
近似佛教「法身佛」或是「法界」，
完全超越傳統的「人格化」特質。

1
基督教、佛教的思想怎麼可能
融合得起來？

問：你在簡介中提到《奇蹟課程》揉合了基督教與佛教的思想，這怎麼可能呢？基督教的神在佛教的思想體系中只算「他化自在天」的一個欲界之神而已，在《楞嚴經》中被列為天魔之類，豈可與佛相提並論？

答：神與佛只是兩個名詞而已，它們的內涵全按我們的知見深淺或高低而定。

在基督信仰裡，真神（God）是唯一無二、無始無終、無所不在的絕對本體，祂和佛道中的「鬼」「神」是兩回事。民間宗教的大小神明（god）或本尊（deity）向來被基督教視為偶像，在天主教中最多只能列入「聖者」之流而已。可惜一般佛教徒對基督教思想缺乏認識，只抓到一個「名相」便大作文章，不知「此神」非「彼神」也。

不過我們也必須承認，基督教對真神的傳統解釋確實過於「擬人化」，祂被形容成有喜怒哀樂的上帝，懲罰了以色列的罪過後還會懊惱不已，難怪被佛教徒貶為不脫三界的天

王或天魔。這種賞善罰惡的判官形象，其實是應中東遊牧民族的社會心理需求而形成的，有它的時代背景，只能算是一種時代性的詮釋吧！

當人類心智提昇以後，耶穌出現，他所宣揚的真神，開始以「愛」的面目出現，一反舊約的形象，超乎善惡（倫理）是非（法律）之上，終於被猶太信徒所棄，釘死在十字架上。近年來一些寬宏的佛教徒，例如：密宗的達賴喇嘛，越南籍的一行大師等大師，開始把耶穌視為度化西方眾生的菩薩，但對他所宣揚的天父，還是不知如何定位才是。

到了二十世紀末，《奇蹟課程》出現，它所形容的真神又提昇至更高的境界：祂無相（formless），空性（abstraction），實相（reality）。這位一向被基督徒奉為「慈愛天父」的真神，如此絕對而且超越一切幻境之上，《奇蹟課程》甚至說，上主根本不可能知道我們在夢中搞什麼鬼，也不可能答覆我們的祈求，因為實相與幻相是無法並存的，故祂不可能在幻相中與我們互動。由此定義來看，《奇蹟課程》中所謂的「上主」其實更近似佛教所謂的「法身佛」或是「法界」，完全超越傳統的「人格化」特質。

那麼真神與人類如何互動呢？是靠三位一體中的聖靈與耶穌。不論人類如何輪迴流轉，自性永遠不離本體，這種永不斷絕的聯繫便是《奇蹟課程》所謂的「聖靈」，近似佛教

所謂不生不滅的「佛性」，隱藏在我們心內，佛教稱之為「菩提自性」或「菩提心」。而耶穌有如了悟自性後度化西方人的「菩薩」，他最多只能算是幻土中的一具「化身」，基督則近似佛教所謂的「報身」，也是人類「自性」的原型。

由是可知，同一名相，在不同時代，不同宗派，竟有如此不同的詮釋，然而，這純是知見或神學的差異而已，未必是宗教或法上的問題。記得我的密宗上師曾說：「了解空性的弟子，即使只修四皈依也能成就；若缺乏般若正見，即使手捧大圓滿，亦難見性。」我們在佛教圈中，也不難找到把佛當「神」來拜的現象，許多虔誠信徒把傳授「心經」的觀世音菩薩當作「王母娘娘」來求，把蓮華生大士當作「財神」來供。既然觀音菩薩及蓮華生大士都不以為忤，繼續方便接引，我們又有什麼權利加以苛責呢？佛法本無高下，端看個人的根器與因緣了。

如果《奇蹟課程》只是佛學的翻版，我們還需要讀它嗎？當然！《奇蹟課程》有它的時代性，它隨著人類意識的拓展，將傳統經典詮釋得更深，境界更高，傳統宗教立意雖高，用心雖苦，但與現代人的心理需求似乎隔閡日深。《奇蹟課程》用心理學的語言重新詮釋宗教境界，把心理治療與修行結合起來，在世間法與出世間法之間架起了一座橋樑，幫助歷盡滄桑的人心跨越這一道鴻溝。

　　《奇蹟課程》的修行方式雖然自成一格，卻無意取代任何宗教的教義與傳承，它只是懷著服務的心態，幫助焚香拜懺的佛教徒更快契入佛教的心法密義，也使得基督徒由可憐的「罪人」心態，轉為「神的愛子」。我敢斷言，我們若把書中的「上主」改為「佛陀」，「聖靈」改為「佛性」，「耶穌」改為「菩薩」，毫不影響全書的旨趣。

　　《奇蹟課程》不要求任何信仰或膜拜，它只是為鑽入宗教死胡同的人指出一條比較人性化的修行方法而已。希望二十一世紀的佛教徒不會因「名相」而起分別心，基督徒也應避免用舊囊裝新酒，而以一種開放的心態，把三百六十五課的練習「實驗」一下，由自家傳統中修出寬容平和的胸襟，人類的和平才有希望，願我們以此共勉。

耶穌在《奇蹟課程》中的角色？

問：耶穌在《奇蹟課程》中究竟扮演什麼角色？對非基督徒而言，有必要與他建立關係嗎？

答：如果讀者知道身為猶太後裔的海倫在世時，對於「耶穌」這個名字跟我們一樣感到難以啟口，讀者大概會有如釋重負之感吧！

　　海倫始終稱《奇蹟課程》的真實作者為「那聲音」，她的合作夥伴比爾更不願提「耶穌」的名字，每當有讀者問起，他總是輕描淡寫地說，那是海倫的「較高自我」。但根據與海倫朝夕相處的肯恩博士之見，海倫確信不疑「那聲音」是耶穌，不知是職業上的顧忌，還是內心的抗拒，她始終不願直呼其名，每次與肯恩談起時，她都是先稱「那聲音」，肯恩都會接著說：「你是說耶穌。」她才繼續講下去。這種對答幾乎成了他們每次討論的開場白。

　　因此，肯恩博士在講學時，以及他所撰寫的海倫生平《暫別永福》一書中，直接把「那聲音」稱為耶穌，於是耶穌

的名稱便在《奇蹟課程》團體中沿用下來了。這在西方基督教文化，應該算是非常自然的現象，但肯恩博士表示，對非基督徒而言，耶穌的形象只能算是「方便法門」，然對於領受《奇蹟課程》的精神而言，並非關鍵。〈教師指南〉也曾明言：

> 耶穌之名本身只是一個象徵，它所代表的乃是
> 超乎世界之愛。(M-23.4:1~2)

　　耶穌的臨在，可視為海倫殘餘記憶裡上主之愛的一種象徵，只因我們自己活在身體的幻相內，所以耶穌的象徵也出現了明顯的人格特質。

　　如果我們留意《奇蹟課程》提到耶穌的角色時，態度似乎有些保留，句中總是跟著一個修飾的子句，解釋它以此形式出現的原因：

> 這個課程就是來自於他，因為他的話已經以你
> 能懂得以及喜愛的語言傳達給你了。(M-23.7:1)

> 倘若對你有幫助，你不妨觀想我牽著你的手引
> 領著你前進。(W-70.9:3)

　　我們不難由此解讀出《奇蹟課程》的原則：如果這個人格象徵對我們是有幫助的，他必樂於以此形象伴我們同行。

然而，《奇蹟課程》很快便提醒我們，這種「有相」的關係並非信仰的最高境界，人類遲早要超越形象，而進入心靈層次的交流。

因為心靈的本然狀態是全然的抽象（空性），上主與人心的溝通只有一個內涵，即是祂永恆不渝的愛及最深的平安，至於以什麼語言、什麼形式，或什麼時候表達出來根本不重要。如果我們始終著眼於那一（有形）層次，反而會加深了我們在那上頭的幻覺，鞏固了小我的思想模式。

《奇蹟課程》用抽象（abstract）以及無相（formless）來表達我們心靈的本然狀態，且賦予它一個西方的名稱「基督」，其實它的內涵與佛教的圓滿自性以及空性的理論幾乎全然一致。耶穌不過是那無相的絕對境界的一個象徵而已。因此即使我們把「那聲音」稱為耶穌，他所象徵的以及與我們的關係也不該是兩千年前的那種宗教型態了。

近來西方開始流行「瀕臨死亡經驗」的研究，他們發現，基督徒在黑暗隧道的盡頭所看到的光明常常顯示為耶穌的形象，天主教徒則常見到聖母的形象，至於佛教徒，光明顯現為阿彌陀佛或觀世音的例證，我們也常有所聞。這個研究顯示了我們的認知結構決定了眼睛所見的形象。如果我們的心境始終執著於某一種形象，那麼我們的心境也就停留在舊有的信仰模式了。

　　東方宗教對於名相、個體、界線還不算太執著，佛教一個菩薩可有百千億化身，密宗一位蓮華生大士，他分身之多，足以讓每一個轉世活佛分一杯羹，許多傳承也常有數位菩薩共同轉世為一位活佛的說法。這種生命互通的現象對於陷在名相與物質世界中的我們是不可思議的，尤其在西方，他們整個認知體系都建立在各自獨立有別的名相定義上，一個名詞代表一種實體，好似一個蘿蔔一個坑，互不混淆。因此當我們把作者指稱為耶穌後，我們對他的認識反而難以跳躍出他在歷史中的傳統形象。

　　因此，我們如何指稱《奇蹟課程》的幕後人物，其實並不重要，反而應警覺自己在名相中的束縛。不論我們有無宗教信仰，潛意識中對於生命主宰多少都懷有某種感受及情緒，因而有意無意地投射在周遭耳熟能詳的神明身上。我們何不藉此機會，反省一下自己對這些宗教名稱隱藏的某種情緒：

　　稱它為**造物主**吧？感到陌生？

　　稱它為**耶穌**吧？叫不出口？

　　稱它為**菩薩**吧？有點兒怪怪的？

　　稱它為**空性**吧？太抽象了？

　　稱它為**不可知**吧？那還不如不叫得好！

稱它為〝 J 〞（Jesus）先生吧？太洋味了？

稱它為〝 V 〞（Voice）君吧？嗯⋯⋯想睡了，明天再說吧！Z Z Z z z z

悠遊於各種學說之間，而不曾真正投入任何宗教，
有點兒像是交結了一堆情婦卻沒有元配的遺憾。

3

修行是否需要一個信仰？

問：修行是否需要信一個宗教？我若以一顆開放的心在各宗派學說之間截長補短，誠心地修養自己，不就夠了嗎？

答：我一向把宗教與修行分為兩種不同的課題來談。信教絕不是修行的必然前提，但悠遊於各種學說之間，而不曾真正投入任何宗教，我總覺得有點兒像是交結了一堆情婦卻沒有元配的遺憾。

因為朋友或情婦，不論多麼親密，終究不是登堂入室的「自家人」，我們會有所保留，甚至妥協讓步，自然勾不出潛藏於內心深處的無明罪業。回顧自己的成長與轉變，不都是等到我們信誓旦旦地將自己奉獻於配偶、家庭或兒女之後才真正開始的？在此之前的摸索與掙扎總有一點兒「為賦新詞強說愁」的味道。

深入某個靈修體系，與虔誠信仰一個宗教，兩者之間仍有微妙的差別。一個虔誠的信徒可能只是止於燒香拜佛，對

於信仰的認知或許極其膚淺；現代知識份子的靈修旅程則可能走向另一極端，像寫博士論文一樣，從圖書館，從網路上搜羅資料，毫無親身的體驗。每個經得起時間考驗的宗派大多能夠「自成一家之言」，有它獨到的理念與方法，若學徒只是東截西取，在各派學說之間七拼八湊，像個大雜燴似的，不僅抹殺了各自原有的長處，還會有相互抵消之虞。

　　就以《奇蹟課程》為例，接觸過它的人都知道這一靈修體系需要投入相當大的精力與時間，才可能發揮「化腐朽為神奇」的功能。當今許多諮商團體、心理工作坊或靈修組織，都喜歡援引《奇蹟課程》某些觀念作為它的理論基礎或輔讀教材，這種蜻蜓點水式的引用方式，不太容易得到此書所預設的「奇蹟」效益。

　　所以我們不論接觸任何學派，必須先深入一門以後，才好旁徵博引。而所謂「深入一門」絕不是「研究研究」而已，它要求你某種程度的承諾與投入。而且修行需要一個操練或實驗的環境，這環境不是指物理空間，而是指學員的念力與願心所形成的磁場。《奇蹟課程》有鑒於宗教組織可能產生的流弊，所以編寫了三百六十五課的練習，而把世上複雜的人際關係當作修行的道場。

　　一個健康的靈修團體永遠賦予學員選擇的「心靈自由」，不健康的宗教才會用天堂地獄來嚇唬或拉攏信徒。我們

只須記住，宗教是為了服務人而存在的，人不是為了要維繫一個宗教而存在的。因此當我們參與宗教團體時，最好先清除一下自己內在的寄望與恐懼，才能明智地分辨出哪一個才是目前最適合自己的共修團體。

佛教徒操練《奇蹟課程》會有罪惡感？

問：我是個佛教徒，家中設有佛堂，每天上香時都會禮佛拜佛、誦經持咒。而《奇蹟課程》內容是以基督教的用語為主，〈學員練習手冊〉的操練與我持誦佛教經咒及拜佛的習慣是否會有衝突？

答：《奇蹟課程》是一套「心理復健」的課程，致力於解除人心中「作繭自縛」以及「咎由自取」的妄念。它沒有任何宗教形式或修行儀軌，只著眼於心靈的層面。因此它不會勸阻你誦經持咒，最多只是提醒你去反觀一下誦經持咒的心態，是出自愛？還是罪咎？還是恐懼？

　　你的問題，說穿了，其實並不是兩者有無衝突的問題，而是許多教徒在接觸另一套教義時，常會生出的罪惡感。佛法原是追求真理、尋求解脫的智慧，經過兩千年的俗化與教條化，逐漸轉型為一個以戒律與因果來束縛人心的宗教。與基督教在歷史中的演變同出一轍，都是用天堂地獄或因果業報激起信徒的內疚與恐懼，藉此操控信徒，維繫宗教的存在。

　　而〈學員練習手冊〉只是一套「自修自悟」的教材，這與你平常持咒拜佛，不僅沒有衝突，反而能夠加深你對佛陀的正知正見。例如：在拜佛時，《奇蹟課程》幫你了解，神佛都不在外，他們與我們原是一體，你是在拜自性佛，而不是拜木偶而已。在拜佛時，你所體會到的，不是佛的偉大，而是你自己生命中不生不滅、清淨無染的佛性。由此而自重自愛，發大精進心，永不退轉。

　　持咒時，它會提醒你，二六時中一刻不斷地誦念佛號，並非向佛呼救或祈求而已（否則，佛菩薩真被我們吵死了），而是借用佛號或咒語來息止妄念，使清淨自性得以自顯。當我們持咒不專，妄念不止時，我們便知道心中還有許多掛礙（心理學稱之為 unfinished business）。《奇蹟課程》用寬恕來幫助我們切斷過去的牽絆，一天一課地由愛惡怨憎的情結中脫身出來，方能進入不修而自定的心境。

　　因此，操練《奇蹟課程》與你的誦經持咒不僅沒有衝突，它還能幫你的修持落實於現實生活裡。我們都知道，佛教的修持比較偏向出世，對於人間的愛恨恩怨，除了一句「業障」或「放下」以外，沒有更為貼切的對治方法。而《奇蹟課程》則借用心理學的輔導方式，來化解人間複雜的關係，把人間的恩怨轉變為修行的道場，發掘純潔無罪的自性，繼而體驗人我一體的佛性。

　　我有一位修密多年、如今正在閉關的朋友，讀了《奇蹟課程》之後說：〈學員練習手冊〉的觀念，化解了他多年的心結，他感到自己更容易入定，而且定境也更持久穩定。

　　我也曾把最近寫的「塵緣未了」呈給我師父過目，她很驚訝地說：「基督教不會有這麼深刻而且究竟的教誨吧！這根本就是本門無上密法嘛！」

　　但我知道，這些理性的解說，未必排解得了佛教在你心裡種下的罪惡感，以及讓你不能不怕的「叛教」因果。這個心結只有你自己能解。幸好《奇蹟課程》從不以宗教自居，也不要求學員的信仰，故上主也好，基督也好，絕對無意搶奪其他宗教教主的領導地位。雖然中譯版為了忠於原文，沿襲所有的基督教詞彙，然而，上主、聖靈、基督這類名相只具象徵意義，並非真理本身，我通常會建議佛教徒，就把耶穌、聖靈當作剛認識的外國朋友或心理醫師，而不是一教之主，這樣就不會與原有的宗教產生衝突了。

你不必去尋找實相。

只要你具備了它所要求的條件，

它自會找到你的。

奇蹟學員需要冥想靜坐嗎？

問：請問，學習《奇蹟課程》，需要冥想靜坐嗎？

答：那要看我們如何界定冥想與靜坐了。它若是指固定的一段時間，某一種氣氛場地，某種形體坐姿，某種特殊方法，那麼，我們可以說：奇蹟學員無需冥想靜坐，因為《奇蹟課程》乃是針對「知見」與「心念」的層面，已經不在身體、時間與形式上打轉了。

它在〈正文〉第18章第7節「我什麼都不需要做」中說得相當清楚。如果我們認定自己必須「做」什麼或「修」什麼時，一定脫離不了身體與時間的束縛，會使我們更深地陷於人世的幻境。它曾說過：「分析黑暗，不會帶來光明。」「與罪惡奮戰，很難獲得救贖。」許多人大半輩子都在學習靜坐冥想，活得乏味又孤獨，老嫌眼前的世界一無是處，一心寄望於未來的解脫，反而錯失了當下轉化與提昇的機會。

不論你做什麼，都與身體脫離不了關係。當你認清自己什麼都不需要做時，就已由心中撤銷了身體的價值……能為你省下累世的修行，幫你由時間中解脫出來……什麼都不需要做的人，自然不需要時間。什麼都不做，就是安息，你內開始出現了一片淨地，身體不再妄作以爭取你的注意。聖靈所降臨而且安住的就是這樣的地方。（T-18.VII.7:1~8）

只要學過靜坐的人都知道，讓自己的心「靜」下來，實在不是一件容易的事，因為一顆恐懼不安的心，是不可能不作怪的。因此《奇蹟課程》的無修大法，也要求一些「前行」準備，便是自我寬恕。

若想入定，需先「安心」，而唯有認出自己「沒有問題」的人，心才可能安的。那麼如何才能看出自己沒有問題呢？《奇蹟課程》的妙招便是在周遭的人身上去培養「透視對方純潔無染的本來面目」的一雙慧眼，這一功夫說來簡單，背後卻是一整套你全然陌生的思維體系。

此刻你不妨想出一位常令你惱怒的親人，若要在對方無情或愚昧的表現下面認出他純潔無罪的本性，何其困難！你會感到身體的每一根筋似乎都在抗議，其中不只要求你有一雙慧眼，更需要堅忍卓絕的信心。

若能寬恕對方帶給自己的痛苦，表示我們已能超越過去的經驗及自以為是的判斷了。這寬恕一念，包含了多少菩提智慧？豈不比在蒲團上磨「腿功」更貼合「修行」的真義？

世俗的寬恕常是先判定他人的罪，再放他一馬；這種寬恕一旦確立了他人的惡意與罪過，只會加深我們對人的戒懼與防備，這種心態怎麼可能讓我們心安且靜定呢？《奇蹟課程》要我們寬恕「別人並沒有做，我們卻認定他做的錯事」，唯有這樣的寬恕才能真正化解人類無始以來為自己招來的罪罰與業報。

真正的寬恕絕不是逃避現實或抹殺事實，我們只要反省自己所犯的錯，不都有不得已的苦衷，不都是因為「我怕……」或「我以為他……」而做的防衛或反彈？即使我們心裡有數，自己的藉口未必可靠，但我們卻絕不會承認自己是惡的。有了這番觀照，我們便不難以同樣的悲憫去看他人「不得已」的反應之後的「真實面目」。

> 你弟兄的錯誤並不是他的，正如你的錯誤也非
> 你的。若把他的錯誤當真，你就已攻擊了自己
> 。如果你想找到自己的路，不再迷失，你必須
> 在身邊同行的人身上只看他真實的一面。你內
> 在的聖靈會寬恕你及弟兄內的一切。他的錯誤
> 與你的一併受到了寬恕。（T-9.III.7:1~5）

　　寬恕他人，乃是除卻恐懼、修定靜慧的不二法門；「我什麼都不需要做」這一句話，能幫我們切斷一切判斷思考，而進入心靈的當下，躍入了永恆的窗口。

　　你不必去尋找實相。它會尋找你，只要你具備
　　了它所要求的條件，它自會找到你的。
　　（T-8.IX.2:4~5）

《奇蹟課程》是「漸修」？
是「頓悟」？

問：神秀偈：「身是菩提樹，心如明鏡台；時時勤拂拭，勿使惹塵埃。」六祖偈：「菩提本無樹，明鏡亦非台；本來無一物，何處惹塵埃！」可見，神秀強調有心，而六祖強調無心，那麼，《奇蹟課程》強調什麼？

答：若也套用佛教的語言，我們可說，《奇蹟課程》主張「遊戲神通，不落有無」。

　　在禪宗發展史中，神秀代表「漸修派」，而慧能則代表「頓悟派」。兩派爭論至今，佛教徒大概有了一些共識：頓悟法門是為「利根弟子」而設的，唯有根器深厚者才可能直指心性，悟見本來；一般修行人還是強調「時時勤拂拭，勿使惹塵埃」，老實修行，方是正途。

　　《奇蹟課程》卻奇妙地在「有」「無」之間架起一座「遊戲神通」的橋樑。難能可貴的是，它不是一座懸掛在天邊且虛無飄渺的彩虹橋，而是硬生生地穿透愛怨悲歡的紅塵，為凡人指出的一條歸家之路。

在本體論上，《奇蹟課程》與六祖一致：「本來無一物，何處惹塵埃」；然而，本來虛靜光明的心性本體，卻已幻化出三千大千世界，讓我們在幻境中載浮載沉了百千萬劫。因此，它以犀利且現代的筆法，揭發小我暗中進行的掩飾、抗拒以及諉罪等等伎倆，教我們對小我所幻化出來的世界不敢掉以輕心。

在修持上，《奇蹟課程》雖也是「時時勤拂拭」，但拂拭的心態卻大不相同。它是本著「本來無一物」的慧見，透視塵埃的虛無而任其自行化解的。不像一般漸修派，把塵埃具體化、真實化了，毫不自覺自己內在的恐懼與內疚，反把原本虛幻不實的塵埃投射為噴火怪獸酷斯拉了。

《奇蹟課程》所提出的化解之道——寬恕，不是把對方的罪業當真而後再予以寬恕，**它必須先看出罪業本空，無所寬恕，心靈才可能得到真實的解放與治癒。**正因它拒絕把幻相當真，使得修行有如「人間遊戲」；又因這寬恕是建立於「空性智慧」之上，故常能超越自然界的時空限制而「神通自在」。故《奇蹟課程》說：「奇蹟本是最自然不過的事了，當它匿跡不現時，便表示出了問題。」

7

發心護持道場？

問：我陸續聽過您的演講，被《奇蹟課程》的觀念所感動，有心護持你們。但我剛剛離開一個道場，對「護持道場」總還懷著戒懼，心裡挺矛盾的。對此心結，能否為我解疑？

答：在佛道或民間宗教的道場裡，我們常聽到「護持」這兩個字，善男信女們奉獻出自己的才能、時間或金錢來支持一個宗教組織。這類善舉確實為社會帶來了一股新生力，它不但圓了宗教組織濟世救人的理想，同時也讓我們凡夫俗子能在柴米油鹽的庸碌生活之外找到一些尊嚴與意義。

　　我個人可說是宗教科班出身的，長期接受宗教的薰陶，深曉它可能遭到的曲解以及可能衍生的弊端。因此，我常提醒道上的朋友：「宗教是為人而設的，人不是為宗教而活的」，「教主是為服務人類而來的，不是讓人來供奉崇拜的」。

　　在心智初開的封建時代，我們確實需要宗教儀式與教主權威的指引，如今世界已經進入所謂的「寶瓶時代」，人類心智普遍覺醒，「佛與眾生不二」，「耶穌聖靈只是陪伴我

們走過人世一遭的親密道友」，「神人在心性上是一體不分」的道理，已不再那麼聳人聽聞了。宗教的虔誠逐漸提昇為靈性的覺醒，那麼，我們對靈性團體的互動以及護持道場的心態，可能也需要調整一下了。

我們應知，即便是天大的真理，一旦落實為一套教義及形式之後，就屬於人間的組織，不論大至佛教、天主教、基督教或小至某個新興學派，本質上大同小異，都是自性與小我、道心與私心之間的較勁。經得起時間與歷史考驗的，通常都是自性或靈性暫時領先或險勝一籌，因為小我的私心隨時都會趁火打劫，扳回一城的。

因此，實在不必過於美化宗教性的組織，《奇蹟課程》裡「都一樣」、「無意義」這類氣死人的說法，一再提醒我們，只要誠實地看一看「小我」千萬年來把它的世界搞成什麼樣子，就不會再上當了。即使我們把小我「心目中的樂園」披上一件宗教性的外衣，這與社會中人所披上的政治或名利外衣，心態沒有兩樣，都想靠外在的某個形式來肯定自己的價值而已。

所以《奇蹟課程》始終是以「一本書」的形象出現，也以「基金會」的方式經營。近十年來，一直與「成立教會」的呼聲抗衡，即使被種種訴訟搞得灰頭土臉的，仍堅持它「不蓋廟」的初衷，保持自己「不過是一本書」的單純面目。

正因如此，基金會至今亦無在世界各地設立分部的計畫。台灣的「奇蹟資訊中心」只是順應辦活動的需要而成立的一個辦事處，靠著幾個義工運作到今天。只要它能答覆讀者的需要，中心便會運作下去，當這種需求不存在時，資訊中心隨時都準備「收攤子」。

真的！「奇蹟資訊中心」沒有「千秋大業」之計，我個人對《奇蹟課程》也沒有什麼神聖的使命感，《奇蹟課程》不過是八萬四千法門中的一部書而已，只因它抓住了人類問題的「時代性」，能融會古今靈修理念而自成一家之言，幫我多年的修行與現實生活銜接起來，為此而感恩不已。我這些年來的巡迴演講，不過是與讀者分享自己的讀書心得罷了，讓追求心靈成長的朋友知道市面上有這麼一部靈修的書，能夠化解我們又愛又恨的「人際關係」。如此而已。

我相信上天有好生之德，自會順應人類心識的演變而繼續傳遞更具有時代性的靈修書籍，以更貼切的語言，不斷引導人類邁進。真理是永恆不變的，一旦訴諸文字，便淪為一種象徵或詮釋，切切不可將它絕對化。

因此，當我推廣《奇蹟課程》時，一直避免傳教的心態，惟恐像在宣揚唯一真理似地。每年的巡迴演講，也是抱著「遊戲」的心態，能做多少，就做多少。我也常信口雌黃，免得被學員誤認為是「大師」。面對這樣一個沒有教條，沒

有組織的靈修學派，護持的意義又是什麼？

傳統的「護持」觀念，是護持一個組織或一套教義，常以團體的利益為前提，即使是力求人事的和諧，其目的也常是為了能夠順利達成團體的目標；此時，個人的需要很容易就在奉獻的口號下犧牲掉了。

《奇蹟課程》卻告訴我們，**團體組織都是虛幻的，只有「你」是真的，也只有你能拯救世界。**整部課程都是以「你」為本位，外在的一切設置，都是為了幫你找回自己的圓滿，切勿本末倒置。

《奇蹟課程》的道場不是一座廟，甚至也不是一個共修場地，它的道場就在我們周遭錯綜複雜的人際關係裡。你不論是組織一個讀書會或參與讀書會，所「護持」的不是《奇蹟課程》，而是你自己的修行，給自己一個閱讀課程、練習寬恕的良性互動團體。在此暖身，舒活了筋骨以後，再回到現實生活去面對更大的挑戰。

這些年來，台灣已經成立了十多個讀書會了，有趣的是，沒有一個是我們「推動」出來的，全是奇蹟讀者自己讀不下去，呼朋引伴組織起來的。「奇蹟資訊中心」目前可能做到的，只是傳達訊息。透過網站、演講、書籍及系列有聲教材，將最新的靈修資訊送到讀者手中。連這一點，我們都

不甚積極，悶不吭聲地等候義工自然出現。抱著有多少協助，就整理多少資料的心態。人手不足，就把有聲無聲的資料全塞到床底下，繼續等下去。

　　幾年前，為了因應政府法令的規範，我們成立了所謂的公司，以便「合法」流通這些有聲無聲出版品，但不管如何，「奇蹟資訊中心」很安於目前的現況：一個沒有場地的組織，無須誓忠（commitment）的道場。我對義工的期待也很簡單：他必須是一個快樂的學徒，在參與服務的過程中，心靈的收穫必須大於他有形的付出，我們才敢接受他的「護持」，大家湊合起來做一點事而已。做得好不好，或別人獲益與否，則不是我們能夠負責的。正如一位諾貝爾獎得主所說：「重要的是：我說了，也寫了，（也做了），僅此而已。」

聖靈也好，佛陀也好，他們只會幫我們從夢中覺醒，
而非助我們在夢中蹉跎下去。

佛陀加持與聖靈護佑有何差別？

問：我是佛教徒，我相信佛菩薩的加持力，也會向佛陀（做一些具體的）祈求，我相信佛不忍眾生受苦，總會以不同方式來愛護佛子。難道聖靈只會以轉化我們內心的方式來教導，不會應允我們的具體需求嗎？「佛陀的加持」與「聖靈的護佑」有何差別？

答：你的問題「佛與聖靈的加持有何不同」下面其實隱藏了一個大家更關切的問題：《奇蹟課程》真會帶來奇蹟嗎？如果這也不能求，那也不能求，那要聖靈又有何用？

　　一般人心目中的「天佑」或「加持」，不外乎身體健康、家庭安和、修行無礙這類好事。然而我們可曾想過，自古高僧大德似乎少有「天從人願」的幸運，一生經歷種種磨難，才造就出他的高風懿德。他們坎坷的一生稱得上「天佑」或「加持」嗎？看起來倒像是「被修理」得慘不忍睹似地。

　　那麼，我們不得不承認，佛祖的慈悲，有時是一滴甜美的甘露，但有時也可能是一粒苦膽，試問我們可能祈求佛祖

只賜下甘露，而收起他的苦膽嗎？問到這兒，我想你大概就明瞭了。上天的愛與佛的慈悲，其實與甘露或苦膽無關，藥方是根據我們的病情而來的，並沒有一位超人在天上為我們拈鬮。

眾生皆有病，不論病症多麼千奇百怪，最後仍是歸於一個心病。如果聖靈與菩薩也跟人間的醫生一樣，應聲施救，忙著頭痛醫頭，腳痛醫腳，大概再來個三大阿僧祇劫也治不完人間千奇百怪的病例。

如果你渴望聖靈會前來滿全你世間的需求，那麼，《奇蹟課程》會讓你失望。因為它說奇蹟是你自己「以心造境」的結果，而非神佛的恩典。聖靈也好，佛陀也好，他們只會幫我們從夢中覺醒，而非助我們在夢中蹉跎下去。

《奇蹟課程》說：

> 祂（聖靈）似乎不惜化身為任何形式以答覆你心目中的一切需要。縱使你自認為已經陷入某些子虛烏有的需要中，祂並不受此蒙蔽。祂要幫你的，就是由這些需要中解放出來。祂要保護你的，正是免受其害。（C-6.4:7~10）

換句話說，聖靈似乎無意扮演「聖誕老人」或「如意寶珠」的角色，來滿全世人的願望，反之，祂要幫我們放掉這

些需求，因為這些欲望從長遠來看，很可能對我們百害而無一益，會讓我們執著於外在的「形式」而取代了祂給人類的「唯一答覆」的真正內涵。

祂一再提醒我們不要把「形式」與「內涵」混淆了。人類只有一個問題，也只需要一個答覆，那個答覆就是：不論我們怎麼胡鬧，犯多嚴重的錯，受多大的苦，祂的愛永不撤回。祂勸我們，不要去尋找世間的贗品來取代那真實的愛。即使我們得到世間的健康與財富，也只會讓我們在夢裡陷得更深，在幻境中難以抽身。

這說法也許太抽象一點，還是拿我最近摔傷腳這一事為例吧！我一向以無病無痛而自豪，不自覺地萌生出一種優越感，即所謂的「靈性特權」（spiritual specialness），覺得自己為《奇蹟課程》做了一些事，聖靈、耶穌、天龍八部都該保護我才對。於是，「意外」發生了。

如果那是有徵兆的疾病，我一定會使出各種法寶，把病菌打得潰不成軍。不，它是個讓人措手不及的一個意外，我在玩得最開心的時候，跌到溝裡去了！診斷結果，又是一個無法醫治的症狀：腳跟骨破裂，任何醫生都愛莫能助，只能吊著腳，等著骨頭自己癒合。當我心情不痛快時，我就指著聖靈的鼻子，把能罵的髒話都罵過了，最後還是得低頭面對這隻腳，去解讀它每天傳達給我的訊息。

就在此時，順手翻開《奇蹟課程》，眼前出現的竟然是第199課：「我不是一具身體，我是自由的。」Uh-oh，又是一記棒喝：

> 誰若在身體內尋找自由，是絕對找不到的。唯當心靈不再視自己存於身體，受其束縛和庇蔭，才得以重獲自由。（W-199.1:3~4）

> 你只須聲明自己的純潔無罪，你就自由了……身體會呈現出最有用的方式，幫心靈完成目標。（W-199.4:2~4）

這些年來，生活與工作上的安定，使我逐漸把「上主的護佑」與這些外在世界所給的安全感混為一談了，把上主的愛與健康的身體、穩定的工作以及和樂的人際關係之間慢慢地劃上了一個等號；而身體、工作與家庭，哪一樣不是緊緊地繫在這一具軀體上的？

於是，我的藥方根據我病情所需降臨了。腳傷的「意外」打破了我的安定假相，它再次提醒我，人生本來就沒有一定要怎麼樣才能活下去。真正可怕的是，安逸日子過久了，誤把人間當天堂那般地混下去，那麼，歸家之日就更杳杳無期了。

聖靈不會因為我受傷了而多給我一點愛，因祂所能給的始終都是同一個「永不撤回，永不改變」的愛，需要改變的

是我自己。透過朋友們一雙雙為我敷藥、為我靈療的手，讓我再度體會到天地有情，明瞭祂的大愛是可能與災難並存的，而且祂的愛是超越身體、家庭或事業等等外相的。

> 今天，就讓自己自由吧！把自由當作禮物，送給那些自認還在受身體奴役的人。願你自由，如此，聖靈才能利用你的解脫，來釋放許許多多自認為身陷囹圄而感到驚惶無助的人。讓愛藉著你取代他們的恐懼。現在就接受救恩吧！

> 你的弟兄會因而與你一併獲釋，世界也與你一同蒙受祝福，上主之子再也不會哭泣，天堂會因你的練習所增添的喜悅而向你致謝。你每說一次下面的話，上主就會親自將祂的聖愛與幸福推恩出去：

> 我不是一具身體。我是自由的。
> 我聽見上主賜予我的聖靈之聲，我的心唯它是從。（W-199.7:1~5;8:5~9）

讀到這裡，眼眶不禁為之一濕。

幻境裡的力量，即使能改變幻境，
這能力仍是虛幻的。

呼求耶穌與呼求佛號有何不同？

問：〈學員練習手冊〉第183課「我呼求上主之名以及我自己的名字」，這種說法與佛教淨土宗持誦阿彌陀佛的佛號可有不同？因為在淨土宗裡，持咒也有許多層次，「無相念」，「三輪體空」，「臨終一念」等等說法。兩者之間可有任何不同處？

答：第183與184課「呼求上主之名」與你說的「淨土念佛三昧」或是印度的誦經傳統有所不同，因為它們反映出兩套不同的思想體系，也反映出兩套不同的運作原則。

在東方的誦經念佛傳統下，神佛的名號被賦予了神奇的力量，本身具備治癒的能力，無怪乎這些宗教逐漸發展出一套繁複的誦念儀式，你念多少次，以什麼姿勢念，以何種心態念，甚至環境磁場都可能左右了佛號或咒語的效力。

這與《奇蹟課程》的基本理念相違背的，它主張形相世界中的一切，不論是佛像、聖經或一塊無生命的朽木，本身並無真正的能力，更沒有左右心靈的力量，包括咒音在內。

外表上，誦經念佛好似能夠提昇人心，其實這只是心靈所允許及賦予它的作用。幻境裡的力量，即使能改變幻境，這能力仍是虛幻的。

〈教師指南〉第23課重申了〈學員練習手冊〉第183課的觀念，強調名字只有象徵的意義，絕無真實的力量，否則即淪於怪力亂神。

> 聖經上說，「因耶穌基督之名而求」。這豈是對怪力亂神的訴求？名字沒有救治的能力，呼求任何特殊能力的咒語亦無此能。那麼，呼求耶穌基督之名又有何意義？（M-23.1:4~7）

> 耶穌基督之名本身只是一個象徵。每當這聖名在心中響起，它成了上主聖言的光明象徵……記起耶穌基督的聖名，就等於感謝上主對你的一切恩賜……成了憶起祂的途徑，……因為這種心念正是你返回家園的真正條件。
> （M-23.4:1~7）

在小我的思想體系裡，我們相信自己已經由一體境界分裂出來了，而且營造出一個多元的世界，我們賦予每個形象不同的名稱，來支撐世間萬物的真實性與個體性。許多宗教徒呼求神佛之名時，都期待祂們進入人間的幻境，以無比的法力轉變或提昇這個現實世界。

　　第183課則重申了一貫的奇蹟理念，我們只能將黑暗且虛幻的人生帶入祂的光明中，否則即是倒行逆施。奇蹟之道是要把世界領回心靈之內，而不是把神佛拉到世界裡，肯定娑婆世界的價值。

　　呼求上主或基督之名，象徵著你聲明放棄整個小我世界所代表的一切，而與聖靈的思想體系認同。因此，呼求上主的聖名，其實與名字無關，它指向那名字背後象徵的整套信念體系，象徵你決定放下這名相世界，甚至放下你在人間學來的一切，不再與形形色色的名字與形象認同，而直取我們先天的唯一聖名，及我們的圓滿自性。

　　在這正念體系裡，上主的聖名與我們的自性同名，呼求祂與呼求自己的基督自性毫無差別。在呼求的一刻，我們放棄小我，選擇了另一位老師，遵循另一套理念，也就是正念之境。

> 可不可能還有其他的老師前來引領使用其他語言且偏好其他象徵的人？當然有。上主豈會令任何人滯留於困境中，而不及時伸出援手，並派遣一位足以象徵祂的人間救主？我們確實需要一種多面性的課程，不是因為內容有所不同，而是因為象徵必需就實際需要而有所改變。耶穌已經前來答覆你的需要了。你會在他內找到上主的答覆。（M-23.7:2~7）

　　總之，你的問題也不在於「應該呼求耶穌或阿彌陀佛之名？」不論你呼求誰的名字都不重要，關鍵在於，你呼求的心態是屬於「一體正念」還是「分裂妄念」？你若認為神佛名號具有超乎你的法力，你期待的若是西方淨土的七寶池與八功德水，還有幾地幾品的高下之分，表示你仍在幻境中為小我打造它的天堂而已。

　　因為救贖力量不在於這個名字上，而在於我們因著此名而憶起自己原是上主的「唯一」聖子這個記憶。若無這個「正知見」，以為誦念神佛之名即能拯救我們，這不啻為一種怪力亂神。（若水根據肯恩的答覆重新編寫）

10

諾斯替學說與《奇蹟課程》

———————————◆———————————

問：《奇蹟課程》提到「聖言（the Word）成了血肉」的觀念，有一段話說：

> 聖經有言：「聖言（或思想）成了血肉。」嚴格地說，這是不可能的，因它似乎必得將某一層次的實相轉譯為另一層次。……然而，思想是種交流，身體也可以充當交流的工具。(T-8.VII.7:1~5)

在新時代的觀念裡，思想是高頻率的能量，可以降低其頻率成為物質，但《奇蹟課程》說不能，又似乎說若人一廂情願相信，是可變成血肉的。到底是什麼意思？

答：你的迷惑是可理解的，因為《奇蹟課程》同時（交替著）由實相層面及幻相層面來開講，因此表面上會顯得好像自相矛盾似地。

生命的本質是純抽象的一種存在，《奇蹟課程》用Mind, Spirit, Idea, Thought, Word來形容。由實相的角度來講，

它不可能變成物質，然而心靈的能力又是無限的，這「不能」不是「無此能力」，否則我們便不可能（自認為）活在眼前的物質世界中了。所謂「轉譯為另一層次」，是指：它若變成物質，即不再屬於真實存在的實相之境，而進入了所謂的「幻境」。

　　《奇蹟課程》主張，物質世界只是我們為了逃避實相世界而妄造出來的，也是佛學「如是信則如是成就」。其實，整個世界都在我們的一念之中，它只是妄念的一個倒影而已。

續問：我疑惑的是，在《課程》裡是不是說我們人活在世，是因一廂情願相信我們是血肉之身，但實際上這血肉之身是幻覺（幻影）。這也使我聯想到早期基督教諾斯替（Gnostics）的學說「幻影論」，認為耶穌是幻影。如果耶穌是幻影，我們不也都是幻影嗎？

答：人間的語言都屬於二元的，當我們說一切是幻時，是由唯一真實的實相角度而說的；但對於活在幻相中的我們，卻認為自己活得還挺真實的。人類的身體包括了耶穌的身體，以及由身體延伸出來的形象，都屬於幻境的領域。《奇蹟課程》的一個關鍵理念即是：一切只有真假虛實之分，沒有大小程度之別。因為幻境全屬於同一層次，沒有聖凡大小難易的差異。因此，〈正文〉第一句話就開宗明義地說「奇蹟沒有難易之分」，而這正是奇蹟發生的先決信念。

　　只要是屬於物質世界的領域，一切皆是幻，因此我們的身形與耶穌佛陀的身形一樣虛幻，只有基督（自性）或佛性才是真實的。禪宗「見佛殺佛」的道理即在於此。

　　在表面上，《奇蹟課程》的說法與諾斯替的「幻影論」好像十分相近，但怎樣面對這個夢幻人生，兩者的心態卻截然不同。諾斯替學說主張物質世界不是出自真神，而是出自一位假神Demiurge，因此它是虛幻的，我們應該藐之，棄之，直接追求真道。《奇蹟課程》不只不藐視或否定幻境，反而視它為回歸的必經途徑。它指出，這個幻影絕非偶然，它是妄心的投射，故要我們利用「幻境」而藉假修真。

　　說世界是「幻」，並不表示它對活在世間的我們是空虛而無意義的，在聖靈的眼中，幻境與幻身是人類之所以流轉六道的唯一線索，隱藏在潛意識下的小我思想體系都藏身於這個幻相之後，因此，眼前的幻境與幻身成了我們「繫鈴解鈴」的唯一下手處。聖靈能利用小我妄造的一切虛幻之物，轉變為學習寬恕的教具。

　　所以，當我們仍活在幻身中時，耶穌的身體、別人的身體與自己的身體，毫不虛幻，耶穌不只以「身」示範，也教我們「示範」寬恕，徹底瓦解（undo）幻境，而邁向復活（即靈性的甦醒，與身體無關）。

耶穌之名，是指曾有這樣一個人，他在所有弟兄
身上看到基督聖容，而憶起了上主。因此而認同
了基督，他不再是一個人，而與上主合而為一了
。這個人身是個幻相，因他表面上成了獨立自主
的存在，踽踽獨行於一具身體內，那具身體就像
所有的幻相一樣，將他的自我與自性隔離了。
(C-5.2:1~3)

續問：《奇蹟課程》說，耶穌與我們一樣，因認同（證入）
了基督而成了基督，這與傳統基督教說耶穌是「道成肉身」
的思想不同，又與早期基督教諾斯替學說「幻影論」不同。
是否可以進一步闡釋？謝謝。

答：是的，《奇蹟課程》的基督論與傳統的基督論非常不同
。由你的提問，顯示你可能是天主教徒，所以，我也試著用
天主教神學解釋一下。

在天主教的神學中，基督論也分為「下降式的」（
Descending Christology）與「上昇式的」（Ascending
Christology）兩派。下降式的神學，視耶穌為「聖言成了
血肉」──基督降生為耶穌，祂的人形只是一個假相，祂其
實是三位一體的「第二位」，與我們凡人的存在本質截然不
同。祂是「唯一」的聖子，我們只是養子（缺乏純正血統）
，永遠無法與耶穌相提並論。

這一神學，把耶穌推崇為神，教會成了耶穌的延伸，這有助於鞏固人類對耶穌與教會的信仰，但在「救贖論」中卻產生了流弊：原來耶穌跟我們不同，難怪他又行奇蹟又復活的，我們永遠不可能步上他的後塵，只好安分地作二等公民，等著他來拯救了。

當我早年攻讀神學時，西方神學院教師普遍偏好「上昇式」基督論，它主張耶穌跟我們凡夫俗子一樣，都是憑著一個抉擇接著一個抉擇地與聖靈認同，一次又一次地死於自我，最後徹底自我空化在十字架上，才能復活到基督的境界。我們若仔細地分析《新約》，發現它同時隱含了這兩派的思想，但傳統教會一向只尊崇「下降式」基督論，因為「神化」性的宗教，比較容易中央集權，適合 hierarchical（階級制度化）的教會。

「上昇式」神學比較強調由人性提昇到神性的奮鬥過程，更能反映現代的人性論與救贖論。最後，看你要選擇哪一種神學解說了。只是請留意一下，你對耶穌身分的界定，會直接影響到你對自己生命的界定，也會導向相當不同的靈修方向。

註1：如果讀者想更進一步追根究柢，Ken Wapnick寫過一本專門討論 Christianity, Gnosticism and A Course in Miracles 的書：*Love Does Not Condemn*

註2：若想自修《奇蹟課程》，需要先了解它的「形上思想體系」，請參考我們出版的「寬恕靈修的思想架構VCD」，或是整套的「奇蹟研習DVD」。

11

《奇蹟課程》的寬恕與佛教的懺悔一樣嗎？

問：請問《奇蹟課程》的寬恕與佛教的懺悔意義相同嗎？

答：這種問題也好意思問！（開玩笑的啦）

表面上，這問題，三歲小孩都能答覆：懺悔是針對自己，寬恕是針對別人的。但我相信你問的不是這個層次。寬恕與懺悔各自代表了基督教與佛教的基本修持，我就由這一層下手好了。

由「聖諦」來講，佛教的懺悔也能達到「三輪體空」，也就是無我、無事也無懺的境界。而《奇蹟課程》的寬恕，最後也是指向「無所寬恕」的絕對境界。

修「通」了的人，不再有「天人分裂」或「人我對立」的妄見，寬恕也好，懺悔也好，自不會被分別對立的外境所迷惑，起心動念皆發自「一體」或「一心」，即所謂「無所住而生其心」。

　　然而，一回到「俗諦」的現實生活，終日面對在無明中造作的自己，還看到自己具具體體地在承受因果。這時，只說「這一切都是空的，一切毫無意義」是沒有用的。因為我們已經不只當真，還賦予了許多意義，今天才會落於娑婆世界。因此我們必須先「解除」自己賦予的信念與意義，才可能由幻境中脫身。

　　在此前提下，寬恕與懺悔所側重的內涵便有所不同。懺悔的眼光容易落在自己的表現或事件上，而且內心相信這個錯誤不僅污染了自己的心，還有控制未來的力量。於是，懺悔之「善行」，無形中可能強化了我們潛意識對因果的恐懼，加深了自己與那「不生不滅不垢不淨的自性」或「無條件的愛之神」的分裂感。而且，就在我們懺悔的一刻，罪業對我們頓時顯得極其真實，我們反倒受其束縛了。

　　《奇蹟課程》之所以放棄宗教意味濃厚的「懺悔」，而改用心理意味較強的「寬恕」，就是要擺脫宗教幾千年來給人類帶來的這種內疚包袱。它要打破因果在我們心中的「真實性」，消除我們根深柢固的罪惡感。它撫慰我們，你無需為過去的任何事情補贖，因為，（在實相裡）什麼事情也沒發生。唯一發生的，只有你的心裡認定它已發生的那個錯誤認定。

　　既然罪業本空，也沒有神來審判你，那麼你唯一需要做的，只是從心裡放下這個認定，重新去看真相，就會發現，你說了什麼，他做了什麼，真的影響不到真實的你。這樣去操練寬恕的話，確實會比較容易幫我們由因果的幻相中抽身，也比較容易體會到每個人裡面 unchangeable（改變不了）的圓滿真相。

　　當然，小我不會輕易放棄它的「崇高任務」，鍥而不捨地向我們證實罪業的真實性，它想盡辦法讓我們內疚，隨時隨地把我們的眼光拉回自己一大籮筐的過錯。因此，《奇蹟課程》不厭其煩說了一千兩百頁，反覆告訴你：安啦！這一團糟的日子只是你作出的夢而已，外面沒有人等著你寬恕，也沒啥大事值得你磕頭懺悔，你只須寬恕你自己「認為」的那些信念，你就會發現，你的問題其實已經解決了。

　　說歸說，問題來時，我們的眼光又不由自主地轉向自己或別人的過錯了。所以，我們不必浪費時間去比較寬恕或懺悔哪一個比較好，還是把精力老實用在觀照日常生活中的起心動念吧！那才是正途。

當修行人的眼光離開了自己的心，

而根據外在形式分別判斷時，就進入了末法時期。

12

《奇蹟課程》對吃素的看法？

之一

問：「奇蹟資訊中心」請我主辦奇蹟研習。關於伙食，我想辦「全素」，但執行秘書主張葷素皆辦，你的意見呢？

答：我曾經辦過吃素的講習，不少學員，尤其是男生，整天都心惶惶地找東西填肚子。還是各隨所好，葷素皆備吧！別把吃素當成一件生死大事來看，這反而違背了佛學與《奇蹟課程》的「一切唯心造」的原則了。

問：內觀和佛教活動通常皆由講師決定吃素，我想要知道你的立場。

答：吃素在佛教內盛行了上千年，佛教已經賦予「吃素」很多很多的「意義」了，成了一種「信念」或「習氣」，所以當你在問這問題時，不是理性的問題，而是「信念」的問題，一定會牽連很深的「情緒」（即使你不表達出來）。

你的問題不是「講習會該吃素否」，而是「不吃你習慣的高標準的『純』素，你心不會安」，這個問題才難解決，所謂的「討論」也難以客觀地就事論事了。

問：我承認，當我討論這一問題時，曾激起我不少的情緒反彈，經過溝通以後，我自認為已經不會情緒化地來看這一件事，我也認為執行秘書的考量有道理，她說如果吃葷者辦活動，卻要參加者全都跟著吃葷，似乎也有些強人所難！因此她建議為學員準備葷素兩種便當。但我仍然想堅持我的吃素原則，主辦者應有權決定這一件事，不是嗎？但如何「同理」和「同心」她的葷素兼備的建議？

答：主辦者應以團體及現實的考量為重，顧及大局，不應拘限於自己的習性或信念。

據我所知，陽明山週末交通管制，你所中意的素食飯館無法送便當上山，我們就在陽明山附近的飯店訂購葷素兩種便當就可以了。你若嫌山上的素食不合乎你的純素標準，那麼何不自己帶便當？不必把你的需求硬加在團體身上。

不論是誰主辦，都應反映出《奇蹟課程》的「唯心」原則，別在外在小節小事上作文章。我擔心你過度操心小事，反而無法安心參與講習，那就本末倒置了。因此，我極力反對你每一餐都得趕下山去搬運便當的決定，那你還有心參加

研習討論嗎？我覺得這個寬恕課程對你的重要性遠遠超過一個便當。

《奇蹟課程》的 undo，原是幫人化解一般宗教的習氣，而直探心性的問題，才會讓人如此耳目一新。但我們在讀時，通常看不出《奇蹟課程》與傳統宗教分道揚鑣之處。平常依舊在玩宗教的罪咎遊戲，一旦問題發生，又趕緊拿奇蹟的寬恕遊戲來搪塞，這樣是無法解開心結的。

不少學員操練了很久的〈練習手冊〉，毫不察覺自己在待人處事上所做的每一個判斷其實都與《奇蹟課程》的精神背道而馳，衝突發生後，還看不出來問題何在。我期待你把這次的主辦機會當作一種學習，不只學習溝通，還能觀照情緒，給自己一個重新去看問題的機會。

還有，千萬不要把這次的研習當作「你的」工作去做。應知，心靈的事情都是「祂的」工作，主辦者好似一個「空心」管子，只是把「主講者所要給的精神」與「學員想要得到的」銜接起來，你就成功了。

問：《奇蹟課程》希望我們帶給眾生寧靜平安的心靈，活動期間吃素不是比較能保持清平之心嗎？

答：這都是宗教長期薰陶出來的觀念。吃素本身不是問題，只是當我們把吃素當作天條，而看不順眼別人吃葷時，才成

了大問題。別忘了，吃素與佛教的原始教義並沒有太大的關聯，早期佛教徒沿門托缽，沒有吃素這麼一回事，一樣成就了許多大弟子。現在末法時期，不知修心，卻把吃素變成了「悟道」的必要條件，但是悟道的人似乎沒有顯著的增加。

問：你參加內觀那麼多次，對身體的反應一定很敏銳，當葷食物和素食物進入你體內，會有什麼不同之感嗎？

答：如果我們只是一具身體，而沒有心性的話，那麼身體當然就被食物控制了。假如「死」的食物都能影響到我們的心念的話，那麼我們不是也會被外在的一句話、一個臉色所控制了嗎？這種人若要練《奇蹟課程》，大概在進入第一課練習「我在這房間所看到的一切，不具任何意義」時就被「打死」了。

「我不是一具身體，我是自由的」，心性才是主人。身體若能以感恩的心接受世界所給的一切，而不疑神疑鬼地與食物對立，食物就傷害不到它。

你不只習慣吃素，而且「相信」葷食有害，心生嫌惡；認定吃葷是殺生，心生恐懼。那麼你若吃葷的話，很可能會生病。生病的主要原因，顯然不在食物，而是你的信念造成的。

　　你若有這一層顧慮，不妨自己帶便當，也是法子。辦活動的原則是，怎樣才能讓學員心安，就讓他去做。但請不要把你的需要投射在團體身上，盡量尊重個人的選擇。

問：我納悶著，真的沒有是非對錯嗎？那不就什麼都可做嗎？殺人放火也不需有罪惡感，因為那並非真正的我做出的！上主既然給了我們自由意志，就不會懲罰我們。但，我們若繼續縱容小我的所有作為，就離大我愈來愈遠了。所以我在想，什麼都可以做，但是我可以有所選擇。那麼，不吃動物的身體，會不會是一個較佳的選擇？我明知牠們會痛，我可以選擇不傷害牠們。我這樣想，是否又是賦予「吃素」意義了呢？

答：你放心，只要你把吃素當成這麼大的一件事情時，那麼一切對你都有意義，你會相信天堂地獄、因果不爽，你不可能當作「無意義」而殺人放火的，你的恐懼與內疚都會阻止你。於是你的小我會很精進地積功德、修道業，來建立自己的 spiritual specialness。

　　這種外在的功德最多只能算是善根，悟道需要的是慧根，只要你還在善惡是非上面爭鬥下去，你原來想要超脫的「娑婆世界」便成了你永難脫離的家鄉了。

　　我絕對贊同你吃素，講習會也一定會準備素食便當，但

學員若執著吃哪一種素，不到那個標準就不安的話，事情就難辦了。目前為止，似乎沒有學員提出這一要求，而是你的個人需要，那麼我們就以個案處理，如何？

問：對純素的要求是因恐懼而產生的，沒錯！但若撇開純素這個問題，而單看「肉食」呢？以佛家而言，人有三魂：生魂、覺魂、靈魂，動物只有生魂和覺魂，而植物則只有生魂。也就是動物是有痛覺的，我們殺牠們，牠們是會痛的，也會想逃跑，就跟我們人類一樣。己所不欲，勿施於人；我們不願自己受到這樣的傷害，又為何要加諸在動物身上呢？在我們有其他食物選擇的情況下，我們可以選擇不傷害牠們啊。若是像《曠野之歌》裡面所提到的那個族群，在沒有植物可食的情況下，他們仍會懷著感恩之心來吃動物的身體。但我們現在吃肉卻只是為了滿足口慾而已，哪裡有感恩之心呢？六祖當初藏在獵人堆裡十五年，他也是「但食肉邊菜」啊。我們明明可以選擇的不是嗎？《奇蹟課程》如何看待動物的角色？

答：人間所有的生命在《奇蹟課程》眼中都是夢幻泡影，沒有層次之分。

你若擔心動物的命運，那麼植物呢？只要是「生命」，就有求生的本能，植物雖沒有痛感神經，並不表示我們沒有傷害它們的意識。

　　娑婆世界的人類，整個生存法則就是「靠其他生命來維持自己生命」的食物鏈，不論是吃植物、菌類、爬蟲或鳥獸，都是屬於掠奪與侵犯。小我當初「為什麼」要投射出這樣一個世界，就是存心讓我們永遠陷於「內疚」中，一輩子都得忙著在大惡小惡大善小善之間尋找一種妥協或彌補，而沒有精力去追究人類掉入娑婆世界的根本原因。

　　至於你在人間吃什麼，與你的救恩沒有任何關係，一點關係都沒有！你當然可以作你的選擇，但請不要為別人作選擇，也不要去批判別人的選擇。你有你的人生課程要修，別人未必應修與你同樣的課程。當你為了別人不吃素而起煩惱時，那才是你真正該面對的問題。

　　你不妨也藉機反省一下，自從你吃素以後，對身邊的親友更寬容了嗎？你的人際關係更和諧了嗎？你的心境真的平安了嗎？還是正好相反？自從你變成「吃素的修行人」之後，會不會對「眾生」弟兄的表現更失望、更挑剔呢？更多的分別與批判，更深的隔閡與分裂呢？

問：但是，我仍懷疑，那會不會只是以人的角度在看待素食之事？肉食雖傷不了我們的靈，但若以人與生俱有的惻隱之心來論此事，肉食對動物而言不是很殘忍嗎？

答：沒想到你還是這樣樂此不疲地玩「內疚」的遊戲。你可

知道，不論你吃的素食是有機還是無機，農人需要殺多少蟲，你才有那一棵青菜吃，佛堂才有漂亮的花？這筆帳又該跟誰算呢？

問：經過你的澄清，確實給我不少對吃素的反省空間，我心中也的確有恐懼隱藏其間。我和我妻子好像很怕自己成為那種沒有任何道德觀念的人，怕自己什麼事都會做得出來，包括家庭倫理。面對你的回答，我當然會不安而發出情緒化的反問，但我想我還理解你為我解釋的觀點。

這大概真的是我該反省的問題，冥冥中似有安排。前些日子，我在超市為了「素不素」的起士和我妻子起了衝突，她罵我頑空，我說她執著；接著是藉活動引發的這次討論，實在都是我們心中對吃素抱持的觀感所致。

過去形成的信念，著實已經牢不可破！我希望慢慢藉著這類事情讓我們看到一些過去從來不曾懷疑的信念，雖然一時仍不會改變飲食習慣，但已懂得尊重他人的選擇，不強將自以為好的信念套在別人頭上。

我一直有所堅持，同時卻又有「維持一種美德的獨特性」的心態，我們離開佛教圈之後，心中總有些陰影在，更遑論「開齋破戒」的可能。倒是我妻子說，她願意欣喜面對過去信念的挑戰。然而，承認「自己什麼也不知道」，竟是那麼不容易，雖然我們常把這話掛嘴邊。

　　隨著工作量增加，小我慢慢露出來了，經常也自覺不舒服。但除了穿越它，好像別無他法。希望穿越的過程，能得到我自己的支持和包容。

答：我絕對無意改變你的飲食習慣。《奇蹟課程》也不會反對你吃素或做任何好事，只是讓你看到你認為的「好事」，也有可能加深分別心，激發更多的恐懼，為生活製造許多不必要的麻煩，這就夠了。你不需要改變自己的作為，繼續吃你的素，只要看清了 It is nothing，放下恐懼，就不會為別人操心了。

　　我一再解釋過，《奇蹟課程》不處理表象的是非善惡，它直搗問題的核心，為學員破除一切幻境，包括吃素後面隱藏的心態在內。〈練習手冊〉最重要的一句提醒就是導言最後一段「絕不容許自己妄行設定一些例外」。問題沒有程度之別，奇蹟也沒有大小之分，任何問題追究到最後，其實都是同一個信念的問題。

　　如果以往的宗教薰陶能夠讓你「心安」，我會鼓勵你繼續修下去，你根本不需要來學《奇蹟課程》。但若要修《奇蹟課程》，確實「需要質疑你以前的每一個信念」才行。

問：聖經〈創世記〉第一章第29節：「上帝說，看哪，我將遍地上一切結種子的菜蔬，和一切樹上所結有核的果子，全

賜給你們作食物。」〈創世記〉第九章第 3 和第 4 節：「凡活著的動物都可作你們的食物，這一切我都賜給了你們，如同菜蔬一樣。唯獨肉帶著血，那就是他的生命，你們不可以吃。」不知你如何解讀這段經文呢？它可不是佛教兩千多年演變的素食概念。按我們對〈創世記〉是一種象徵的想法，這段經文又要象徵什麼呢？為何聖經要在此特別囑咐我們這些上主之子這樣的飲食觀？但反而基督徒很少吃素？請再深入解說。

答：乖乖，為了吃素的問題，連聖經都搬出來了，聖經講了幾千頁敬天愛神的話，你不去深究，獨獨選一些可以抬槓的經文。看到沒有，即使聖經也可以用來分析批判，小我厲害吧，信徒的小我更厲害！

　　有趣的是，聖經雖說，帶血的肉不能吃，以色列人卻從未想要變成素食者（沙漠中的游牧民族不吃肉，還能吃什麼？難道要他們去吃蟲蛇不成），反而訂了一堆宗教規矩。例如屠宰動物的時候，有一定的方式放血，其他食物也有特殊的製作過程，這類食物，叫做 Kosher。以色列人用此來分別「淨」與「不淨」，這跟佛教徒的吃素外表上好似兩回事，但用來顯示自己宗教或是民族的特殊地位的用意是一樣的。這正是《奇蹟課程》指出的 spiritual specialness。

有位來自高山上的密宗喇嘛曾經跟我說，吃肉比吃海鮮好，因為只需殺一頭犛牛就能養很多人，吃海鮮的話，一頓飯就要殺很多生命。我聽了，簡直不知如何作答，每個人都是自己先接受一套信念體系以後，就用那一套來自圓其說，然後去批判別人的生活方式。

看到了嗎？不論上帝說了什麼，人類高興怎麼懂，全看我們自己怎麼詮釋。所以《奇蹟課程》的上主變聰明了，會說：「別吵了，別吵了，吃葷吃素真有這麼重要嗎？看看自己的分別心與瞋念吧！」當修行人的眼光離開了自己的心，而根據外在形式分別判斷時，就進入了末法時期。

問：你的話讓我深思了好一會。有趣的是，以往一聽到有關「不利吃素」的訊息，我總會毫不猶豫地捍衛「我們」素食者，但這次我只是反觀自己，質疑起過去深信不疑的信念。我想，我的內心程式應該是在佛前立下的「願」吧！如果沒立願的話，也許就不會有這種恐懼，也不會對「純素」有這麼多的要求。其實，那個「願」也只是我恐懼的表相，真正該面對的問題是：我相信有個怒目金剛的佛會懲罰毀願的人，上主的愛似乎保護不了我。

我很清楚自己目前仍放不下這種恐懼，不過，我也深信天上的阿爸會引導我的，我無需耽心。

　　至於還吃不吃素呢？當然還是吃啦！暫且不管是恐懼多一點或是仁慈多一點。我願意多觀察自己，下回當葷食靠近時，我會不批判地觀察自己是否還有嫌惡之心？我願「我的心靈充滿了平安，我的身體浸潤在寬恕的目標下」。天上的阿爸說：祂已經聽到我的小小願心了。這就夠了，不是嗎？

答：好了，說到這裡為止，明天起「拈花微笑」！

之二

問：耶穌在和海倫的交談中，曾經提過不吃肉的問題嗎？在 *Essene Gospels of Peace* 裡，耶穌就談了很多不要吃肉的事。想請問你們對此事的看法？

Ken 答：在筆錄《奇蹟課程》的過程中，海倫‧舒曼並沒有接收到任何有關吃不吃肉的教導，你提的問題也沒有被討論到。《奇蹟課程》的教導和 *Essene Gospels of Peace* 並不相同；《奇蹟課程》的精神著重的是內在實質（content），而非外在形式（form），所以不像 *Essene Gospels of Peace* 給予許多行為方面的指標。

　　《奇蹟課程》有兩個重要的原則可以幫助我們反省你所
提到的問題，它們都傳達出相同的訊息：

　　天堂之外沒有生命可言。上主在何處創造了生
　　命，生命就在那裡。天堂之外的任何生命都是
　　幻相。（T-23.II.19:1~3）

　　如果天堂之外沒有生命，天堂外的一切狀態都是假相，
一旦你賦予夢中某種作為某些意義的話，和《奇蹟課程》的
精神就有了非常大的出入。

　　《奇蹟課程》要我們覺察自己對一切事物所下的詮釋，
藉此而覺察到內在的信念和思想，以及構成小我思想體系的
所有判斷。如此，我們才能看得清因果之間的真正關聯，也
會了解到人間的苦不在於你吃肉或吃素，而是源自你的看法
。因此，《奇蹟課程》唯一要求我們的，就是把注意力放在
我們的內在思維，它們才是我們陷身於此的「肇因」，唯有
把這些思維帶到聖靈的光明中，才有被轉化的可能。除此之
外，《課程》並沒有給我們任何具體的行為指導，供我們在
這個妄想世界裡作選擇。

　　如果你認清了這世界只是個錯覺幻想，又當如
　　何？（T-20.VIII.7:3）

　　基於上述《課程》所提的重要原則，我們實在不必認為

吃肉就是殺了「活生生」的生物，或為了表示人類是萬物之靈，而把持著禁食肉的想法，以為這樣比較符合課程的精神。當我們面對外境的任何狀況或問題時，《奇蹟課程》教導我們反問自己一個問題：

> 這是你在任何事上必須學會反身自問的話。目的究竟何在？不論目的為何，它會自動把你的精力導向那個方向。（T-4.V.6:8~10）

任何事的目的，不是助長小我，就是延伸聖靈。不論吃肉與否，請記得我們是無法靠自己作出任何決定的：

> 不論作何決定，你都不是全憑自己作的。這些決定不是與偶像一起作出來的，就是與上主作的。（T-30.I.14:7~8）

我們的選擇，不是強化小我的信念把世界當真，而認為吃什麼會有所不同，就是選擇靈性慧眼，承認世界僅是假相，而在夢裡唯一要緊的事，即治癒那個自以為與上主分裂的心靈。

有關個別不同的行為規範，克里希那穆提曾經回答一位問起性行為的門徒時，給了一個相當有幫助的忠告，我們在此把它套用來回答你的問題：「食不食肉，不是重點，你好好過你的日子就是了。」

之三

若水問：親愛的Ken，你在答覆西方讀者關於吃素或吃葷的問題裡，提出《奇蹟課程》幾個原則性的觀念。但「吃素」對佛教徒而言，不是健康或原則的問題，而是身分認同的問題，這個金字招牌下夾帶著一個含有兩千年的內疚與恐懼的信念。吃肉等於破戒，幾乎與叛教同罪，你可以想像佛教徒內心所面對的壓力，如何才能幫他們化解內在的罪惡感？

Ken答：唯一的解脫途徑，仍得靠當事人是否有分辨「形式」與「內涵」的能力。天上那一群朋友，佛陀、耶穌、張三、李四，沒有人在意世間的人吃什麼，他們關切的是人們活得心安與否。你的佛教朋友應該去吃讓他們心安的食物，而不應吃讓他們不安的食物。他們吃得心安，天下太平，他們吃得不安，問題就來了。就那麼簡單。

　　總之，問題的焦點不在吃素或吃葷這些表相問題，這問題所造成的困擾，正是他們需要學習寬恕的地方。

若水：如果這幾句話就能解除佛教徒的分別心與罪惡感的話，你也太低估小我興風作浪的能耐了。看起來，這些宗教徒的內疚與恐懼，我們確實愛莫能助，只有等他們看清了自己賦予這個虛幻的物質世界多少意義，自願放下分別判斷，寬恕自己的內疚，才能解下他們一直繫在自己脖子上的鈴。

13

「活在當下」究竟是什麼意思？

問：最近常在你們的網站上讀到「活在當下」這一說法，究竟是什麼意思？是否就是禪宗所說的：吃飯的時候吃飯，走路的時候意識到自己在走路？我們怎樣才能「活在當下」？

答：「活在當下」在禪宗裡，原屬於一種很高的修行境界，近年來卻成了附庸風雅者的口頭禪，甚至在電視脫口秀上都常聽到主持人隨口說出：「過去已經過去了，我們應該活在當下啦！」「當下」成了時間的一部分，好像「現在」一樣。禪宗確有「吃飯就吃飯，走路就走路」一說，但它究竟是什麼意思？一般人不也照常吃飯走路嗎？

這個問題必須由「形上」與「形下」兩個層面去了解。首先我們必須指出「活在當下」的形上意義，否則必會犯了層次混淆的錯誤，把當下誤解為「現在」或「此刻」。其實，「當下」根本不存在於時間的幻相裡，它是永恆與時間的交會點（連這一句話都會引起誤會，好像真有一個「點」似的）。

　　若要了解「當下」，我們必須了解「時間」的意義。然而，《奇蹟課程》卻說：「你無法了解時間，事實上，你什麼都不了解。」（W-8.1:6）只因為所有問題都離不開時間的因素，《奇蹟課程》對時間的觀念著墨不多，只是直截了當地丟給我們一個結論：時間已經結束了。小我所經歷的旅程，在它「方生」的剎那已經得到聖靈的答覆而「方滅」了；因為在實相中，時間根本不存在，因此它的完成與發生都在同時。

　　我們眼前的世界，只是時空構成的大幻相，有如坐在戲院裡觀賞一部已經完成的影片。只因我們看得如此入戲，把所有的情感或情緒投射在主角身上，心理上再次重活一遍主角的經歷，全然忘了自己仍然置身於觀眾席中，並非真的活在螢幕裡。

　　小我的戲在永恆中早已結束，只因小我被內疚與恐懼逼瘋了（insanity），不敢回頭，而把那已經完成的剎那延伸為現在過去未來；把那個痛苦的經驗，放在「三世」時間的框架裡不斷重播而已。因此，所謂「活在當下」，不是抓緊三世的一環「現在」，而是越過整個小我信念體系裡的時間概念，直接體會與永恆交會的那一點。好比由螢幕的劇情中跳出來，回到本來無事的觀眾席上。

這一躍，對活在時空內的人類，豈只是咫尺天涯，簡直有天堂地獄之隔。

《奇蹟課程》雖然避而不談「時間」的玄理，卻不厭其煩地重複教導超越時間的方法。它用寬恕來破解時間的魔咒，這也是我們所要談的「活在當下」的形而下之意了。

一回到有形世界中，一切具體了許多。讓我們先談一下，什麼叫做「不活在當下」吧！當我在答覆你這問題時，我若根據自己過去對你的印象而答覆，就沒有活在當下；當我搜盡枯腸，意圖寫出一篇讓你心服的文章時，也沒有活在當下。雖然這些因素原是寫作不可缺少的動力。此刻的我，不論多麼專心，並不表示我就活在當下了。因我的心態很可能攪在文章的好壞以及你的褒貶裡面，我在「你問我答」這一單純的現實上已經賦予了我個人的詮釋及憂喜。

我以前把「吃飯就吃飯，走路就走路」解釋為「吃飯時就專心吃飯，走路時就專心走路。一心不宜二用，直取當下」，此刻才明白，連「專心」都是自己刻意營造的經驗。這句話其實是：吃飯就吃飯，不要賦予其他意義，不論是營養的觀念或神聖的提醒；走路就走路，不要賦予其他意義，不論你用內觀的還是一行禪師的方式走；拔草就拔草，不要賦予其他意義，想藉此機會與上主合一。

　　「活在當下」著眼的是 " to be "，生命本然的境界，與我現在專心所做的事情本身並沒有直接的關係。" to be " 絕非是 " to be better "，絕無改善現狀的含意，只是容許現實以它目前的形式呈現自己，不去界定、評估、期待或改變它，更不會被情緒攪入幻境裡。這一點清明，給了我們一點空間，體會出我們並非螢幕上的角色，我們是台下的觀眾，正在重溫過去的一場戲而已。

　　這一慧見，立刻賦予了「此刻」生活一個截然不同的意義。凡事我們不再跟螢幕上的角色糾纏，開始回頭消解這些故事的「妄念」。

　　可惜，幾千年的宗教薰陶灌輸給我們一些錯誤的印象，總覺得自己之所以無法認識本來面目或真理實相，是因為我們缺了許多東西；我們需要更透徹的知見，更高超的德行，而這些「東西」都需要時間去鍛鍊，於是我們為自己訂立了百千萬劫的修行（或救贖）計畫，發明了種種鍛鍊身體與心識的苦行，去追回那不生不滅的圓滿自性。殊不知，正是百千萬劫累積下來的「功夫」，反倒鞏固了我們打造出來的時空幻境，遮蔽了清淨自性，讓我們想不起也看不到「當下」正活在我們內的實相。

　　所以，若想認識自己的圓滿真相，不需要「添加」一點什麼，而是「消除」一點什麼。寬恕就是最有力的「化解」

(undo) 眼前幻境的工具。這是無法在思想中進行的,必須當「境界現前」時,你放下小我根據過去的記憶所作的種種判斷,而改用聖靈的慧眼著眼於對方不生不滅的圓滿自性,這就是「寬恕」,也是「活在當下」的「形下」功夫。

人類不知經歷了幾千萬年,才由「適者生存」的動物本能進化成「理性的動物」,又歷經幾千年理性的「分別取捨」,造成現代的科技世界以及不可避免的戰爭。這兩項「成果」一旦加在一起,頓時威脅到整個人類的生存。

如今,進化的動力再度將我們推到進化的門檻,我們若不想「絕滅」,必須「突變」,開拓出新的意識,才可能度過這一關卡。

根據近代思潮的發展跡象,這一突變很可能就是由 " to do " 進化到 " to be "。 " to do " 重在維繫物質生命的存活, " to be " 則是回歸存在(靈性)的領域。以前,芸芸眾生終日忙著存活,唯有少數先知先覺者,為人類揭開一點靈性的端倪;如今,靈性的領域已經不再是聖賢的專利,逐漸進入新時代人類的普遍意識中。

有幸跨入這一門檻的我們,又幸得《奇蹟課程》的寬恕妙法,幫我們穿透時間的迷霧,活出當下。每一個真實的寬恕,都為我們拉近了永恆的「距離」,直到……,我們突然領悟了,這是 A journey without distance(無程之旅)。

你既然有能力造出這個苦難的世界，
你也有能力藉著寬恕而「從中」化解這個世界。

神明為何坐視人間的痛苦？

問：我雖然還沒有好好地讀《奇蹟課程》，心裡卻有不少疑問，世上這麼多人受苦，誰敢相信，上帝真會伸出援手？也許《奇蹟課程》只是另一本解悶的書而已。聖靈在哪裡？天使在哪裡？有誰在聽我的祈求？有誰敢確定自己目前走的路是正確的？我的基督徒朋友說，只有聖經才是真理，才是真正來自神的，我的疑惑愈來愈深了。《奇蹟課程》真的能夠抵制人間的邪惡，解決人間的問題，讓我們活得平安喜悅又有意義嗎？

答：親愛的朋友，最近不斷收到你的提問，很佩服你的求知精神。你的問題反映出一般大眾對神的懷疑。基督徒也許會斬釘截鐵地告訴你：上帝（不論你稱祂為真神、上帝，或上主、天主）當然會拯救你，只要你信得過祂。但《奇蹟課程》的答覆，可能會讓你失望：上主根本不知道你在幹啥？

試想一下，如果上主知道你在受苦，祂必然也經歷痛苦才可能知道你在受苦；祂若會懲罰你的邪惡，祂內必有邪惡

才可能認出邪惡。然而，《奇蹟課程》裡面的神（我們稱為上主）不是個有喜怒哀樂，會賞善罰惡的人格神，祂不是這個有形宇宙的創造者，也不是人類的大老闆；祂只是一切生命神聖至善的源頭，祂是愛，祂是不可分裂的一體，祂是生命，祂是一切的圓滿真相。

這個生命根源不是你能毀滅的，不論你作什麼，祂永遠是你的「本來面目」，這是人類的救恩所在，而不是靠祂千里迢迢來拯救我們。物質世界與人間的無盡苦難，只是那個曾經想要與本體分裂的「心識」（後來演變成血肉的人類）投射出來的幻境，跟神一點關係都沒有。真實的你仍然跟上主安居於天堂內，你只是正在作一場噩夢，在一個虛無地帶，為一個虛無的物質生命在奮鬥求生。上主怎麼可能知道一個根本不存在的虛擬現實？

那麼，《奇蹟課程》為何一再提到「祂聆聽我們的呼求」？祂好像還會為我們歡欣或哀傷，等著我們回家？這些說法其實都是一種擬人化的描寫而已。因為，即使人類落入了一場噩夢，天賦的神性卻不可能消失，天人之間不可分割的生命聯繫也不可能中斷，那個連線，便是聖靈，也就是存於心靈深處的「靈性」。

換句話說，當「人」放棄本有的一體生命，另起爐灶，賦予自己一個個別的生命（即小我，ego）之時，那絲毫不

可能受損的靈性，被我們遺忘或埋藏於心底，但它始終渴望著本有的平安、神聖、一體的存在境界，於是小我想盡辦法用物質享受、男女結合或親子關係來填塞心靈的失落感。然而，這些替代品最多只能彌補一時之需，卻無法長久解除心靈的飢渴。

因此，你對神明的質疑是有道理的。只要看一看人間的苦難，便不難作出「上帝不仁」的結論；上帝既然無所不能，人類卻陷於水深火熱中，這不正證明了上帝存心袖手旁觀嗎？所以《奇蹟課程》屢屢暗示：上主根本不知道我們在幹啥。聽起來簡直是離經叛道，其實這是最合乎現實與邏輯的論點。

世界乃是人心投射出來的幻境，心靈具有神性的無限潛能，連上主都無法否定心靈的選擇，解鈴仍須繫鈴人。因此，人的得救，不是靠上主顯奇蹟把人類「拖」回天堂去，而是靠著人心內那一點不死的靈明，靠著自己在人間作的每一個選擇。是這一點靈明不容許我們永久昏睡下去，是這一點靈明不讓我們滿足於世間任何「替代品」，也正是這一點靈明讓你今天鍥而不捨地追問生命的根本問題。

信神的人，稱這一點靈明為「聖靈」；無神論者，可以稱它為智慧、良知或靈性。不論你賦予它何種名稱，《奇蹟課程》都告訴你，勿向外尋，也不必向天祈求，你一直擁有

它。你只需要有人提醒你，你有這寶貝，而且教你如何發揮其用，就像你學電腦那樣，任何新功能，你得學習正式啟用，你才知道自己確實擁有這一法寶。

然而，我們早已把這靈明之性打入了冷宮，甚至忘記了它的存在，百千萬劫都認定自己只是一具血肉之身，卯盡一生之力來維護這具身體。也因此，我們才需要《奇蹟課程》輕輕地在耳邊提醒我們：「你不是一具身體，你是靈性。」

小我打造出來的一切既然只是一場虛無的夢，我們再也無需披荊斬棘、過關斬將地與身體及世界拼鬥。我們只需喚醒自己的靈性，便能看出，外在的種種挑戰，對我們的靈性而言，起不了任何作用。我們一旦找回這個百害不侵的生命本質，便很容易寬恕這個世界，而寬恕正是《奇蹟課程》教我們覺醒的「不二法門」。

世間的一切既是自己投射出來的幻境，因此，無需苦行，也無需救贖，只需放下，只需寬恕，並且記得：它們缺了你的參與及共舞，便對你生不出任何作用而意義蕩然。也因此，《奇蹟課程》的寬恕，不是寬恕別人對不起你的地方（這句話你大概聽得耳朵都長繭了），而是幫你看出：你心目中的「壞人」，其實是你「自我憎恨」的心態投射出來的戲碼；人間真正的災難，原來是人類害怕「天譴」的內疚所投射出來的場景。這一切驚天動地的情節，不過是給你一個機

會，讓你看清你深埋於潛意識的心結而已。

因此，外表上，你好似在寬恕某人，寬恕那些令人髮指的罪行，其實你是在化解自己潛意識的自憎與內疚。當潛意識中想要蕪死靈性的莠草逐漸清除之後，靈性（聖靈）自然甦醒、活躍起來。那時，你便會發現，你一直向神祈求的仁慈、智慧、平安與幸福，其實始終在你的心裡，也因如此，你才會對現實中的自己那麼不滿意。

總之，《奇蹟課程》無意勸你信仰神明。試想一下，人類信仰了兩千年的上帝，世界也未必平安一點。兩千年的實驗期難道還不夠長嗎？如今，人類意識已經開發到一個程度，於是《奇蹟課程》送來了另一套「聳人聽聞」的思想體系，告訴你如何拯救自己，鼓勵你接受自己具有與上主一般的神性這一事實，讓你看出，你既然有能力造出這個苦難的世界，你也有能力藉著寬恕而「從中」化解這個世界（絕非逃避或厭棄）。

《奇蹟課程》的理論很簡單，卻不容易做到，因為這一套理念和世俗（小我）的理念正好背道而馳。我們必須放得下「自以為知道」的一切，才可能從頭學習「新的思想體系」。因此，〈學員練習手冊〉一開始就是破除你的舊信念：

第 1 課　我在這房間所看到的一切，不具任何意義
第 2 課　我在這房間所看到的一切，對我所具的意義，
　　　　完全是我自己賦予的
第 3 課　我並不了解我在這房間所見的一切
第 4 課　這些念頭不具任何意義
第 5 課　我絕不是為了我所認定的理由而煩惱

　　由於這一套理念根本違反小我的邏輯，所以，只是讀一讀它的理論是沒有用的，你需要反覆操練，在實踐中親身經驗到它「所言不虛」，你的人生信念才可能慢慢扭轉過來。一旦你真心地把奇蹟理念以及寬恕心態具體發揮在某個人事物上，你才可能看到，原本那個困境並非你想像中那般銅牆鐵壁，那個無藥可救的朋友也不是你想像中那麼冥頑不靈。於是看起來堅固無比的物質世界，便在你眼前瓦解了。

　　《奇蹟課程》在理念上可說是屬於禪密的最高義，在實踐上，卻踏踏實實地面對現實人生。基督教的道場是教堂，佛教的道場在廟宇，《奇蹟課程》的道場卻是繁瑣的人際關係，它不給你任何例外，也不讓你逃避人生。真的，當你放下心中的恐懼與批判時，外境也隨之改變了，於是你經驗到了奇蹟。不是因為「他」或「它」改變了，而是「你」改變了。世間再也沒有一物真能傷害到你，奇蹟成了你生活的「自然律」。

　　希望這些粗淺的解答，能夠為你解除心中一點疑慮，由
於我的時間有限，日後不可能一一答覆你所有的問題。但我
對你的靈性有信心，只要真心想要，沒有任何障礙能夠阻撓
你的學習的。不要以為你自己一人在孤軍奮鬥，尋找真理，
其實整個人性的甦醒過程已經啟動了，你只是「順其自然」
地融入（yield into）這個勢不可當的覺醒洪流而已。

　　最後，你也無需拿上述觀點去跟你基督教的朋友爭辯，
心靈的路程是很個人化的，我無意也無需改變任何人的信仰
。你既有緣向我提問，我就方便分享一下我的看法，如此而
已。

不要由你身外去看，
而應看它正在你內的天堂照耀著……
原來，我就是天使。

有沒有天使？

問：究竟有沒有天使存在？

答：這倒是聖誕節挺應景的問題。正當街頭巷尾飄揚著聖誕鈴聲之際，我們怎忍心說，天使不存在！

然而，根據《奇蹟課程》的觀念，天使的存在，代表一個仍依稀迴盪在記憶深處那種完美境界的渴望。在小我還無法接受我們與上主一體不分以前，它必會把自己又愛又怕的神聖本質投射到另一個比較完美的形體上，我們稱之為天使。

這位天使，形象必須與我們相似，表示「同宗」；卻又需「特殊」一點，於是，長相肖似人體，卻多了一副美麗的翅膀的天使形象便在人間誕生了。

雖然，我們也常聽人說，他們「親眼」看見過天使，這也沒有什麼好奇怪的，我先生信誓旦旦地說他小時候看見聖誕老人駕著雪車飛過他家的牆頭；我們每天也「親眼」看到自己想要看到的世界。然而，《奇蹟課程》與東方宗教都告

訴我們，眼前的世界只是日有所思，夜有所夢而已，它是應著我們的信念而「如實」呈現的。「眼見為憑」已經不足以證明任何東西的真實性了，它反映的乃是我們心中的所懼與所欲。

我們若感受得到人類處境的孤絕，便不難了解，天使的概念在人類歷史上或心目中的重要地位。在這「動輒得咎」的無情世界裡，小我亟需天使的形象來制衡那一股隨時威脅著我們的黑暗勢力。由此可知，天使與魔鬼的存在乃是相互依存的，你若相信有天使，便不能不相信魔鬼的存在。於是，唯有取悅神明才會獲得天使的祝福，否則，便會受到魔鬼的誘惑與懲罰。這完全掉入傳統的「二元論」了。

應知，《奇蹟課程》的思想體系純粹屬於「一元論」，只有真假虛實之分，並沒有神魔善惡的對立。在聖靈的思維體系下，有形體的人、有翅膀的天使，與頭上長角的魔鬼，都是同等虛幻的。基於「世間的一切都是我們內在心念的倒影」這一原則，聖靈能將天使的形象還原為它背後代表的心念，也就是人類發自內心的嚮往以及求助之聲。

已經邁入二十一世紀的人類，在心智上足以了解「境由心造」的道理，我們對天使的認知也該隨之進化，從「天使是存在於我們之外或之上的『神之使者』」，逐漸轉為「天使是存在於我們心內的『神之使者』」，這位內在的使者就

是《奇蹟課程》要我們多去接觸的聖靈。

只因小我還無法接受「神的力量就在我們心內」，它認定一切助緣必須來自外界，故它寧捨我們與聖靈的「直接連線」，而選擇了天使或高靈等「間接連線」。聖靈也就權宜變通地借用這些虛幻的形象來引領我們走出小我的錯誤信念。直到有一天，我們突然開了竅，認出自己所聆聽的「另一位」原來就是我的圓滿自性。

這才是踏上心靈之路的人對天使應有的認知。天使，不過是聖靈利用人類想像出來的美麗形象，提醒我們，我們真正渴望的不是那美麗的形象，而是那形象所代表的上主的愛；而且，不論聖凡，只要有此願心，都能直接與祂連線的。

因此，不論是投胎人世的耶穌佛陀，或是存於另一時空的高靈，或是我們身邊的道友，甚至冤親債主，都可能扮演天使的角色或示現天使的功能，為我們捎來所需的訊息。我們若看不出這一群「偉大人物」的同一性，而把天使抬舉為「特殊族群」的話，這些天使們不僅無法帶領我們回家，反而誤導我們，遮蔽了最根本的「一體實相」了。

✳

在這歡樂的聖誕氣氛中，寧靜的星空裡若沒有幾個展翅

的天使，人間確實淒冷了許多。所以我們不妨安心地將天使
掛在門前或窗前，只要心裡明白，他只是提醒在異鄉苦中作
樂的小我：我們一直不敢相認的天父並未遺忘我們，而且就
在自己的心裡。我們就不會被天使神聖完美的假象所迷惑了
，它只是反映出我們自己的神聖完美而已，它提醒我們：我
們是上主圓滿的造化。這才是《奇蹟課程》所要帶給二十一
世紀新人類的聖誕佳音：

> 星光是聖誕節的象徵，象徵黑暗中的光明。不
> 要由你身外去看，而應看它正在你內的天堂照
> 耀著，把它當作基督的時辰已至的標誌吧。
>
> （T-15.XI.2:1~2）

原來，我就是天使。

16

「靈療」與「發功」會吸收
負面能量嗎？

問：我個人修行多年，對靈氣非常敏感，也常為朋友靈療，
或是隔空送氣，有時難免會吸收到對方負面的能量而染上類
似的症狀。《奇蹟課程》曾說：「我不是一具身體，我是自
由的。」我也相信病痛都與心靈有關，絕不輕易求醫，只要
心理癥結解除，身體自然會痊癒，你覺得呢？

答：你的問話中似乎有一點矛盾，如果你真的相信自己「不
是一具身體，而是自由的」，怎麼會害怕沾染他人的負面能
量？這豈不顯示了你不僅是自己身體的受害者，還可能成為
他人身體的受害者嗎？

你認為「能量」是什麼呢？人們稱之為靈氣，它就屬靈
了嗎？如今特異功能都可以用科學儀器偵測出來了，表示它
只是更細微的物質而已，克里希那穆提（J.Krishnamurti）
就認為，連思想都屬於物質範圍，因為它仍受制於生理結
構。如此說來，能量雖然發之於心（世間有什麼不是發自於
心靈的），仍不脫物質形式。只要一落入這一層次，我們就

不可能是自由的。

　　由終極來講，一切疾病確實都是心病，也只有心藥可醫，但這是針對已經證悟自己的「唯心」本質而不再與身體認同的人而說的。「我不是一具身體，我是自由的」，這句話在〈練習手冊〉裡必須等到前半部的總結時才出現，表示奇蹟學員需要經過兩百多課的鍛鍊，才可能了解這話的含意。若借用佛法的術語，必須先淨化「八識」，泯除了人我分別，具備一些基本的「空性」體驗，才可能超越身體的控制。只要我們冥冥中還認定自己等於這一具身體，我們就會受到自然律與因果律的控制。

　　我認識一位修行頗深的長者，他只要一接觸到業障重的人，就會生病，拜訪者若思想不清淨，他就頭痛，所以每次去見他，我們都戰戰兢兢，只要他咳嗽兩聲，大夥就趕緊識相地告退了。我真的不敢說，這究竟是一種境界，還是一種障礙，也許算是一種過程吧，他的身體似乎比我們凡夫更強烈地受到外境與他人業力的影響。

　　萬物確實都有能量。草藥為什麼能治病？不正是它所釋放的能量？你可曾見過練功的人，在公園或山裡抱著大樹吸取天地精華，他相信樹的能量大於自己的能量。能量出自物質結構，那麼我們在靈療時，豈能不反省自己給的是什麼能量，那能量又出自我們生命的哪一層次？

我個人對能量或氣很不敏感，只記得在學禪的過程中，禪師們都會再三叮嚀，只准修心，不准練氣，對任何音光聲色一概視而不見，免得著相入魔。他們常叮嚀，不證入「空性」而想用靈氣或神通來助人，不僅無法解除苦因，還會誤導眾生。

如果我們相信自己的能量能夠改變他人的身心狀態，那麼就不可能不相信他人的能量也有傷害自己的能力，如此，我們又把力量置於自心之外，而淪為世界的受害者了。不知你有沒有這種經驗，幫人治療感冒以後，自己若打了一個冷顫，心裡就會暗自一驚？只要我們仰賴的是外在的力量，必會滋生恐懼與內疚，因為每一個靠外力治療的經驗，等於重申我們的脆弱，不得不仰人鼻息，求天媚神，這無異於「我們本是靈性」的一個反證。

前些日子收到一位台灣朋友的來信：

新年期間的電視都在教奇門遁甲之術，教大家如何得好運，我也試著把其中一個用在等公車上，也果真有效！但在用的同時，心裡開始恐懼，覺得這類事情必會付出代價，說巧不巧，此次就是為了買個烤箱而坐公車，回家後試烤箱時，烤箱玻璃竟「爆破」了！嚇壞了我們！

命理或奇門遁甲都是中國古人仰觀俯察所累積的智慧，有它一番道理，而這個「理」與「物理」一樣都是屬於物質

界的互動關係，我們勸人少去涉入這類「怪力亂神」，不是因為它不靈（它有時還挺靈的），而是我們必會為這一點「小惠」付出無形的代價，等於把自己置於物質世界的無情力量之下，從此，幸福與否都被操控在流年、風水、家裡擺設、別人的用心之下了。不要小看一個「無傷大雅」的遊戲，許多死命「求明牌」的樂透迷，開始時不都是因為一兩次巧合或甜頭而落得理性全失？

這並不表示我們不可幫助別人治病，《奇蹟課程》只是提醒我們，傳統治療或靈氣治療都屬於物質層次的治療，必有副作用，傳統治療常帶來生理上的副作用，靈氣治療也可能帶來心理上的副作用。活在肉體及世界中的我們，一向是靠物質而存活的，吃飯養身或吃藥治病，靈氣治療或風水八卦都是同一層次的事情，讓我們不斷與外在力量認同，就是這一依存關係，使我們流轉六道，難以超脫三界。

這也是奇蹟（miracle）與幻術（magic）的分野。什麼是magic？只要我們還認定物質有能力改變我們的心靈，就落入了magic。反之，我們若能看清唯一需要改變的，只有自己的心念，外境的順逆皆無礙內心的平安，那麼奇蹟心境便開始萌芽了。

話說回來，為什麼《奇蹟課程》又要我們透過治癒別人而使自己獲癒？這一點是最常受人誤解之處了。我們應知，

《奇蹟課程》的治癒觀念絕不是以自己的能量去治療另一具身體，它要求學員自己先接受救恩，也就是接受聖靈的思維體系；透過寬恕與平安，為仍然孤獨地受苦的人作證：「還有另一種生活方式」，這就足夠了。

> 上主之師的臨在本身，只是一種提醒。……他們代表另一種神聖的可能性。他們心中懷著上主聖言的祝福前來，不是為了治癒患者，只是提醒他們上主早已賜給他們的藥方。不是他們的手在治癒……他們所給的東西，其實上主早就賜給那些人了。他們極其溫和地呼喚弟兄遠離死亡之途：「身為上主之子的你，看看永恆生命所賜你的一切吧。你難道會捨棄這個而寧可選擇疾病？」（M-5.III.2:2~12）

人類為什麼會生病？追根究柢，不外乎內心與生命隔絕的恐懼、孤單、無緣與欲振乏力。因此根治的方法，就是讓他不再覺得孤單，幫他感受到愛，進而重拾自己原有的力量，面對現實挑戰。

這種治療方式不僅幫人尋回他自己的內在力量，更加深了你對靈性的肯定，可還記得「當我痊癒時，我絕不是獨自痊癒的」這一句話？它開啟了奇蹟之門，而這種奇蹟是不會有任何副作用的。

通靈，不是一種「對話」，而是一種「結合」的經驗。

17

如何看待「通靈」？

前言：由於一連接觸到好幾位通靈的奇蹟教師，激起了我對「通靈」現象的好奇，以下的對話是根據我與 Tom Carpenter, Paul Ferrini 以及黃光前的書信剪輯而成的。最後，添加了我個人的一點省思。

之一

若水：通靈究竟是怎麼一回事？

Tom：若水，很高興在 Davis 與你不期而遇，也很感激你對華文讀者的服務。我們的「長兄」（Brother）要我向你致意，他十分讚許你傑出的工作。（註：Tom，通靈耶穌，他一向稱耶穌為「長兄」）

把《奇蹟課程》介紹到華人世界，確實是一項浩大工程，長兄要我提供一些協助。我們計畫針對中國佛教背景的意識型態寫一部導讀性的資料，這份資料大概不會採用「通靈」的形式出現，我想，其中原因是佛陀的教誨一向出自他的領悟，而非經由通靈的形式之故。

　　希望《無條件的愛》譯文殺青以後，你的工作負擔能夠減輕一點。你若有任何疑難，請不吝提出，我必會盡我所能地答覆的。

若水：謝天謝地，聖靈總算受不了我的叫囂，派出助手了，倒沒想到這回你的長兄願意親自出馬，那我更可高枕無憂了，希望早日讀到你為華人撰寫的那一篇導讀。

　　根據我的印象，你的作品相當抽象，我對你的長兄的信心還不太夠，擔心那位老兄未必了解我們華人所關切的問題，所以我想先請奇蹟讀者根據你的導讀提出生活性的反問，才能保證他真的答覆了我們華人的問題。

　　在你的導讀尚未出現以前，能否請你為我澄清一些有關通靈的疑慮。奇蹟團體中愈來愈多通靈的教師，他們所傳遞的訊息確實不乏神來之筆。我是非常講求實際的人，只要有益人心的，我都能夠接受。換句話說，我不在乎通靈的來源，也不排斥它的訊息，但我對通靈形式可能帶給靈媒本身的影響卻有一些疑慮。

　　正如你提到的，佛陀是親自開悟之後才度眾生的。靈媒則是自己未悟，卻借用他人的智慧，這有一點兒像一個凡夫在舞台上演了一齣聖人或先知的戲，曲終人散之後，凡夫依舊凡夫，佛說「人身難得」，如此豈非浪擲一生？

更危險的是，六根未淨的小我，代天發言，宣告絕對的真理，秉持著無上的權威，這對靈媒的心理會產生多大的誤導？西方有一句諺語說，「絕對的權力帶來絕對的腐敗」，靈媒的心力都投注在神明或高靈的意識層面，不再屬於我們這群「仍待修正」的學生行列；對自己的觀點更是「有恃無恐」，不易反身觀照，更難接受他人的質疑與指正。這對一個仍在「淨化階段」中的修行人，究竟是福是禍？

Tom：我了解你對通靈的疑慮，通靈是個最易受人誤解的觀念了。首先，我們很難想像一個具有形質的生命，豈能與超乎三界輪迴的高靈進行對話？因為我們總以為，交流多多少少需要藉助於身體的功能。事實上，這類交流無須藉助於形體的管道，也不是以口說耳聽的方式溝通的。

無論外表看起來如何，我們的生命本體是靈性的，且依靈性法則運作。心靈的交流是透過所謂的心念，這種分享交流純粹出自個人的單純意念，因此交流的本質基本上相當「抽象」，屬於一體的領域。

當（原本是靈性的）我們進入小我身心意識的結構以後，愈來愈難感受到心念的抽象本質，因而認定它根本就不存在。我們需要學習進入內心深處，練習聆聽自性之聲，如此才能領會天心中純然抽象的心念。

　　然而，這一領會又會受限於個人特殊的認知模式，我們每個人心裡好像有一部翻譯機，能把那抽象的轉為具體的；又像電腦翻譯軟體，能把中文譯為英文那樣。

　　當具有形質的人發出「願與超乎三界者交流」的意向時，「超三界者」知道對方的認知能力（perception）有限，會以具體的形式傳遞思想，甚至像跟人講話一樣。如果那位「超三界者」曾經在人類世界投胎過，熟悉人類知見的扭曲模式，傳遞訊息時就更容易了。

　　進入這類關係的人，通常都出於自願，好似雙向的對答。也就是說，每一方都是為了雙方的益處而發出邀請，更好說是為了整體的益處（即使外表看來並非如此）。

　　你若能夠覺察到，每個人的心念其實都一刻不止地在整體的天心內運作，你便不難體悟到你與天心不可分割的聯繫。我們常有某些念頭好似不出於自己的意識層面，在在提醒了你與更高智慧並未決裂。

　　靈媒在通靈經驗中的最大收穫，正是這一結合的意識，至於接收到什麼訊息倒成為次要的了。近年來，愈來愈多的人開始通靈，只因人類意識開始甦醒，比較容易憶起自己存在的本然狀態，通靈的現象才頻繁起來。

　　我希望這一解釋多少能夠澄清你的疑慮，我相信將來我們合作時，還會深入這一問題的。

若水：我完全同意你說的：「我們需要學習進入內心深處，練習聆聽自性之聲，如此才能領會天心中純然抽象的心念。然而，這一領會又會受限於個人特殊的認知模式。」

　　最後一句正是我的顧慮。既然，靈媒所傳遞的訊息必然經由他個人的習性與信念這一層過濾網，才能表達出來，那麼，他所獲得的訊息是否跟藝術家的靈感一樣，受限於個人的接收器與轉譯器，也可能受到個人的扭曲？

　　其實，通靈基本上也屬於一種廣義的靈感，不是嗎？任何從事創作的人都有過「如得天助」的經驗，連科學家們的重大突破，常常不是來自苦思，而是「靈光一閃」。正是這類「無心插柳」的靈感，每每將人類的文明向前推進了一大步。

　　雖然這些靈感具有「天賜」的性質，但它展現的形式仍是這一群科學家們長期在實驗室營造出來的，因此，他們仍然挺身而出，為這一新發現負責，且謙虛地接受同行菁英的檢驗及挑戰。數年之後，這一發現很可能又被「新發現」所取代。

　　相形之下，靈媒卻能僭取高靈的權威，代天發言之後，

卻不必為這一訊息的內涵及其表達形式負責。形式與內涵一旦混雜而掛上「真理」的招牌，往往就容不下人間的質問與修正了。

在中國民間信仰裡不乏靈媒的角色，且大多數的靈媒在文化背景上出自中下階層，正統宗教的大修行者或社會的知識份子通常不屑此道，我想，原因之一，即是擔憂通靈帶來的遺害可能遠大於它的貢獻。

Tom：由於我即將遠行，只能簡短地答覆你的問題。

你擔心我們一旦與高靈或神明建立意識層面的交流以後，在小我的心理層面可能會產生「自我膨脹」的負面影響。別忘了，我們的任何經驗都不是從天上掉下來的，必然是我們在內心的某一層面祈求來的。

因此，通靈現象只有兩種可能，要麼，它不會發生（因為你不想要）；要麼，它會出現，應你的邀請而來。如果通靈會產生負面或有害的後果，它通常也是你內心的期待或投射而「求」來的。

你應知道，與天心（也可稱之為「一心」）保持無間的交流與融合，原是心靈最自然的境界，只要你內心不暗自抵制，而誠心地向這一可能性開放，它必然會出現的。至於出現的形式則完全看你能夠接受的程度，它帶來的影響也取決

於你內心的純淨程度。

所以不必擔心，只要你能放下小我的抗拒，我敢保證，你必會經驗到這種交流的；當它出現時，你也會立刻伸出雙手迎接它的來臨的。

不過，這種交流經驗，未必抵達所謂的「開悟」境界，它只是邁向開悟的一小步而已。

最後，我還需要澄清一下，我們所傳遞的訊息，即使來自「長兄」，其目的不過是幫助讀者更深或更正確地了解《奇蹟課程》而已。這些書籍不論寫得多好或是多麼暢銷，絕對無法取代《奇蹟課程》，包括我自己的書籍 *Dialogue on Awakening* 在內。因為這些詮釋性的書籍，在形式與用意上，都不像《奇蹟課程》那樣為讀者提供一個完整的「學習教具」。

只因《奇蹟課程》的博大精深，很容易被人斷章取義或被稀釋軟化，這些通靈資料的目的最多只是把讀者帶回這部課程的中心思想而已。

之二

若水：Paul，你的大作《無條件的愛》的翻譯總算殺青了，在審稿的過程中，我逐漸被書中第一人稱的「我」搞迷糊了。這部書的作者究竟是誰？是你？還是耶穌？你在英文版的序中清清楚楚地聲明了「這不是一本通靈的書」，但你為何始終借用耶穌的身分發言，而且話中充滿了權威性：「我告訴你」，「我敢跟你保證」。如果它是來自你的「更高意識」，你為何不能以Paul的身分發言？

當你透過耶穌的身分以及權威說話時，是否暗示了，你已經如耶穌一樣悟入了圓滿的「基督意識」，至少在你發言的那一刻？

依舊活在小我世界中的人，若時時透過高靈的權威發言，他個人的救贖是否和我們一樣，仍然有待人間弟兄的指正？一如《奇蹟課程》所言：弟兄的指正才是照亮我們回家之路的明燈。

小我想要避免這一挑戰，會藉助「特殊關係」來肯定自己的價值，那麼，靈媒與高靈或神明建立特殊連線，將自己列於「一般弟兄」之上，是否也可能淪為《奇蹟課程》所謂的「特殊關係」？

我希望這些問題不致冒犯了你，只是最近身邊突然冒出一堆靈媒弟兄，讓我對《奇蹟課程》圈內的通靈現象感到好奇，希望由你那兒學習第一手的經驗。

Paul：我不妨這樣說，《無條件的愛》是我向J.C.（Jesus Christ的俗稱）求來的，這是他送給我的禮物。我之所以不把它當作「通靈」的書籍，只因一般人常把「通靈」誤解成「一個人聽到另一個人的聲音而筆錄下來」。

「通靈」對我，不是一種「對話」，而是一種「結合」的經驗，它屬於神聖的關係，就如J.C.曾與海倫以及許多祈求這一關係的人建立的神聖關係一樣。

有一點需要澄清的，我所謂的「祈求」，未必出自意識層面。海倫從未「祈求」聽到那「聲音」，我也不曾主動要求與J.C.建立關係，是他開始跟我「講話」的。我還遲疑了好一陣子，才敢接受這一關係呢！於是，我便向他要求這一本書。

由於J.C.與Paul的結合，和J.C.與海倫的結合味道大不相同，所以你可以清楚地看出我們書裡表現的語調以及給人的感受也相當不同，這情形也同樣顯現在其他靈媒身上。我非常喜愛Tom Carpenter，我知道他與J.C.的相通和我的經驗很近似，但你若讀他所傳遞的訊息，味道跟我的很不一

樣，我們都以自己的形式傳遞 J.C.的愛與智慧。

即使如此，讀者能否在這些訊息中感受到 J.C.的能量，全看讀者如何看這一本書而定，有些人能夠體會到，有些人則不能，但這並不重要，只要這些訊息能夠幫助人就行了。

我十分感謝你與周玲瑩小姐的翻譯，你們在翻譯時，其實也是與 J.C.和我建立關係，我們的心必須連結起來，才能將全書的精神引發出來。

祝福你的工作，也感謝你們的合作，唯有開放而純真的心靈才會選擇（或被選）去做這類工作的。

若水：我了解你說的「合一意識」的深意，我的疑問在於通靈之後的「後續問題」。既然你們的訊息來自同一源頭，卻顯示不同的「個性」面貌，若由藝術創作來講，這仍可說是你的作品，而不必假借神聖之名，不是嗎？

我想請教的是，一個仍在淨化過程中的小我，突然肩負起高靈或神明的智慧與權威，在心理上應做何種調整，才不至於落入小我的特殊關係模式？

我相信 J.C.能夠與許多用意良好的人建立神聖的關係，但這並不保證小我不會把神聖關係變質為特殊關係。海倫即是最好的例子，不論 J.C.用意多好，海倫照樣可以把他變成「購物顧問」。

　　我之所以咬著這個問題不放，是看到奇蹟團體中，已經有不少弟兄，秉持著與 J.C. 的關係，自立學派或門戶。在眾弟兄之間，雖不能說是特權階級，至少已屬於「特恩」階級，這和傳統宗教的「祭司」階級又有何不同？

　　《奇蹟課程》問世不到三十年，其間的分裂現象並不低於基督宗教，這是我們不能不正視的問題。

之三

光前：多謝你與我分享你和 Tom Carpenter 與 Paul Ferrini 的對話。

　　通靈資料一直是我又信又疑的訊息。信，是因為這些訊息似乎提出了讓自己能夠快樂生活的方式；疑，是因為這些訊息將自己帶離了原本的團體，似乎一團飛絮在風中飄盪，無處著力也無可支撐，只能依恃著心中若隱若現的一絲靈光引領前進。這之間不僅在內心，也與周遭最親近的人，不斷地翻騰在「懷疑—信任；攻擊—防衛」這些情境中。乍看之下，似乎失去的比得到的更多。只要怨憤心念一起，內心外境又要折騰好久才得安寧。

　　Tom談的通靈現象其實與我的了解挺一致的，我有個朋友是乩童出身，他受我引薦也在讀《奇蹟課程》，依他的體會，通靈者本身對靈性與生命所具的信念，會直接影響到轉譯通靈資料時的品質。例如堅持因果報應說的人，會一直用罪與罰的觀點轉譯資料，或是看到天堂與地獄，要不就看到轉世業報。因此隨著他研讀《奇蹟課程》的進展，他可以覺察到自己對同一個訊息來源轉譯的品質也隨之改變。

　　Tom信中所說：「這種分享交流純粹出自個人的單純意念。」（The sharing itself is a function of simple intent.）這句話其實相當有實用性。我的英語會話不太好，但是我曾經跟一位加拿大籍的老師上過英語會話課，我發現，只要我想表達的意思其意圖（intent）明確，同時不受「我不能」的信念干擾的話，即使說出的文字語法有誤，都能達到溝通的效果。所以那位老師一直誇我表達能力很好，而同班其他三位朋友則老是聽不懂我在說什麼。

　　其實我們日常與人作言語溝通時，也存在這一現象，彼此溝通的資訊似乎潛伏在表面語言的音律之下，只是大家習焉而不察罷了。所以即使言語上或有疏漏，也並不妨礙彼此的溝通。

若水的省思：Tom和Paul都為我解釋了通靈的心理狀態，卻輕描淡寫地迴避了我所提出的一個敏感的問題：「通靈的

行為是否可能被小我利用，而對靈媒的心理帶來負面的影響
？應如何避免這一後遺症？」

　　然而，這番對話對我個人而言，帶來了很大的啟發。根
據《奇蹟課程》的原則，「通」與「靈」本應是每一個心靈的
自然狀態，因為心靈原是一個整體，本來就是「通」的。只
因心靈「誤以為」自己分裂出去以後，投射出一具一具的身
體來自衛，同時把萬物眾生排拒於外，我們才「不通」的。

　　〈學員練習手冊〉中「我不是一具身體，我是自由的」
這類課題，就是為了幫我們釋放自己的心靈，超越形體的隔
閡，直接與心靈相通。經過日復一日的練習，心靈的相通與
領受能力應會逐漸提高，領受的對象可能會透過某位弟兄，
也可能透過高靈。

　　經過與Tom、Paul和光前的一番對話以後，我突然體
會到，這些年來推展《奇蹟課程》時，每一篇文章，每一場
演說，似有天助，自己卻駑鈍不覺，還要等一些聽眾來轉告
我，他們在我演講時看到身後的光影或天使諸如此類的事，
而我總把他們當作在說笑話一般地支開了。

　　我是東方宗教薰陶出來的典型「自修自證者」，只會埋
頭苦幹，偶爾會為自己常有「貴人」相助而感到慶幸，但大
多時候，我還是感到自己在經營一個「一人公司」，而向祂
抱怨。

　　現在回想起來，哪一件工作是靠自己的能耐做成的？None！每到了網站更新的時限，所需要的資料或靈感都會「適時而湊巧」地出現在眼前，我常常在三四天內必須趕出五六篇文章，這種「急就章」的創作方式，一直讓我感到內疚與挫折。然而事隔一兩年之後，當我在《點亮生命的奇蹟》裡重溫以往在網上發表的舊文時，竟然會讀得身心顫動！原來，創作的靈感與通靈在本質上其實是非常相近的，只是形式有所不同罷了。

　　如今，經由這些通靈教師的提醒，我才知道，即使在我「埋頭」苦幹的時候，時時，處處，都有「人」明目張膽地向我「通」靈感。是我自己的「分裂意識」把這神聖的交流搞得像「非法私通」，曖曖昧昧的。這回經由Tom的提醒：「只要你能放下小我的抗拒，我敢保證，你必會經驗到這種交流的；當它出現時，你也會立刻伸出雙手迎接它的來臨的。」我才意識到，自己確該開放「交流」的意願，學習依賴更高的智慧，感謝「他人」或「他靈」的啟發。

　　然而，不論是誰來相助，我都會將它消化成「我的」，掛在凡夫「若水」名下。光前說得好，「通靈者本身具備的對靈性與生命的信念，會直接影響到轉譯通靈資料時的品質」，既然這些靈感都已包裝在我個人習氣與才資限度之下，我當然應該對最後的成品負責。它們就像世間所有的作品一般，理當接受弟兄的評論、指正，即使遭到否定，也是一種

合理的反應。

　　我相信那些協助我的天使也好，高靈也好，弟兄也好，不會介意的，因為我們即使身在三界，仍是同一個「上主之子」，進行同一個救贖大業。

因果輪迴之所以成為因果報應，
是因為此刻的你正以同樣的信念
複製同樣的情境。

是否可以請人消業障？

問：我認識一位修行得很好的法師，能幫人消除三世不好的因果，也就是業障，從而得以改命。我的一些朋友都請他作法了，效果非常明顯。自從我學過一些新時代與《奇蹟課程》以後，原已決定不用這種方式改變自己的生活，但回顧自己坎坷的一生，幾次讓我痛不欲生，面對這個改命的機會，終於經不住朋友的慫恿，我也請那位法師為我作法。只是事後我並不像其他人感到高興、輕鬆，反而強烈恐懼，擔心以後會有更大的麻煩。我記得若水以前談過類似問題，可否請你再解說一下，幫我除掉心魔，從恐懼中釋放出來。不勝感謝！

答：你的疑問是在中國社會長大的我們常常遇到的誘惑，我也曾由不同的角度答覆過好多次了。有鑒於中國的特殊環境，一般人較難接觸到靈性方面的正見，很容易受一些怪力亂神或特異功能的迷惑，因此我很願意再次由《奇蹟課程》的角度提供幾個觀念供你參考。

　　《奇蹟課程》確實是一門非常究竟的法門，不過你一旦了解它那「不走中間路線」的絕對真理之後，便會明白這不是一條容易走的路，尤其是剛開始的時候，它幾乎否定了你用了一輩子且視為天經地義的信念。然而，當你抓對了它一貫的要訣後，又會覺得，沒有比這個更簡單也更輕鬆的回家之路了。

　　你提出的問題，便是一個最好的例子，讓我們就由這個案例切入好了。

　　首先，《奇蹟課程》的基本信念之一：你的一切經歷，只是你內在信念的反射而已。因此，所謂的三世業報，並不是一個存在過去世的東西，其實它就在你「此刻」的心念中，如果心念不改，你現有的經歷便會不斷重複下去，沒有人能夠改變這個「境由心造」的法則，最多只是暫時的延緩或遮掩遲早要來的問題而已。

　　業是什麼？它不過顯示：你現在的生活仍在受過去某些信念的控制。除非你認清究竟是什麼信念讓你不斷在類似的人生場景中輪迴；除非你甘心面對且放棄這些日行而不知的信念，誰有能力把這些信念由你腦子裡除去？

　　因果輪迴之所以成為因果報應，是因為此刻的你正以同樣的心念複製同樣的情境而已。因著你對它的相信，它對你便有了控制的力量。當你收回對它的信念時，它即使出現，

也控制不了你。

　　許多人在特異功能人士面前，因著相信他的法力，問題好像突然不見了，其實，它哪兒也沒去，只是暫時壓到潛意識下了。等過了一陣子，或回到現實生活以後，過去的陰魂又漸漸復甦了。

　　再說，若真有那種能夠消除人類業障的「法事」，大慈大悲且法力無邊的佛陀或耶穌早就為我們人類「作法」了，豈會忍心讓我們在六道苦海中輪迴至今？難道那些法師的功力超過耶穌或佛陀嗎？

　　在人生幻境中，我們不否認「特異功能」確實有其功能，但那只不過表示，有些人相信他的心念力量比你強。由於你對自己失去了信心，而把信心投射到某位法師身上，相信他能改變你的命運，這時，你便已賦予了他更大的力量。這種心理作用，會暫時壓制你原來的信念所帶來的感受或外境，而經驗到他要你看到也是你希望看到的結果，霎時覺得自己的人生真的「好像」改變了。

　　當你在最脆弱時會尋找外力的協助，就像生病的人，不能不靠藥物或醫生一樣，本來無可厚非。只是這種怪力亂神的遊戲所帶來的後遺症，有如潘朵拉的盒子，一開啟後，隨之而來的後遺症，可能會讓你吃不完兜著走。因為你已經把

原有的力量與責任全部投射在對方身上，自己變得愈來愈脆弱，愈來愈需要別人的加持。想一想，這對一個尋求「自性圓滿」的人，會帶來多大的心理障礙？

何況，許多具有特異功能的靈媒，本身的私欲未除，又不了解小我（ego）與潛意識的陷阱，他們面對自動送上門的「獵物」，很難抵抗權力（能量也是一種權力）與金錢兩方面的誘惑。但他們也怕因果，所以會玩很多自欺的手法，例如：開始時，他們不收費或是與慈善機構合作。他們若看到你還半信半疑，甚至會降低費用，請君入甕。等你自動招供出內心的恐懼時，他們不只會認同你的恐懼，還會加一點前世因果的神秘因素，讓你更加不知所措，那時，你就只好言聽計從了。

我們應知，當靈媒或法師在為你作法時，不論是靈療、開拙火，或是消業障，他輸入給你的不只是他的能量，也輸入了他自己的意識種子，有時反會引發恐懼。有些人花了一大把錢之後，感到不對勁，大呼上當；卻忘了，當初是他心甘情願地把自己的能力繳械，花錢去請對方來替你的生命操盤的。

說實話，我倒很同情那些靈媒，我相信，他們開始時可能真有助人的心願，但終日與一群脆弱無助的「受害者」互動以後，潛藏在第七識與第八識的無明種子一再被鉤出來，

使得「服務眾生」的心願逐漸變質。若真要追究下去，還真難說究竟是誰害了誰呢！

《奇蹟課程》與新時代最大的不同處，即是它鼓勵你面對自己陰暗的潛意識，它相信命運操在你自己的手裡，它還進一步教你如何利用那些你避之猶恐不及的痛苦、錯誤及問題來幫你找回你原本「百害不侵」的真面目。但你必須有勇氣為自己的遭遇負責，不再把責任推給命運或他人才行。

> 你只須如此說：「我應對自己所看見的一切負責。我所經驗到的感受是出於自己的選擇，我有意完成的目標也是出於自己的決定。我所經歷到的一切，都是我自己招惹來的，我所接受的也是自己祈求來的。」從此就能不受其遺害所苦。（T-21.II.2:2~7）

試想，有多少人能夠承受得了這種說法？

你若了解上面的道理，必會恍然大悟，為什麼那法事對你的效力不如他人，因為你沒有把「全部」的信心投射在法師身上，自然也不會顯出「全部」的效果。《奇蹟課程》說，你相信什麼，就會看到什麼，因著你的自覺能力，已經不容許你完全閉起眼睛，任別人來操控你的夢境，你自然不會感受到「顯著」的變化。

　　為你自己的一念清明而感謝吧，大可不必為此自責，因
為那沒有什麼罪咎可言，你只是因為害怕而做了一件無聊的
事情而已，笑一笑，就過去了。

　　我通常不會勸阻別人去算命或改運的。因為在恐懼中的
人，就像一個六神無主的孩子一樣，你愈禁止他，他就愈認
定你在剝削或壓制他，即使理性上他明白上述的道理，內心
依舊蠢蠢欲動，直到吃盡苦頭為止。

　　而你很幸運，只是玩一玩就放下了，還會提出反問，激
出我們這番問答。也許你本來根本無須經歷此事的，上天只
是借用你的經驗，而把訊息傳給天涯海角某個真正需要的人
。這種天機，哪是我們可以料到的？

　　謝謝你為眾生而問。

人生劇本既已寫定，幹嘛還要修行？

問：《奇蹟課程》好像說過：「劇本已經寫定」，這句話和宿命論有何差別？如果我這一生的劇本真的已經寫定，我還需要修《奇蹟課程》嗎？更好說，人類還需要「修」個什麼「行」？

答：「劇本已經寫定」這句話確實常遭讀者的誤解，但只要讀一讀上下文，你不難了解，這劇本顯然是指上主（聖靈）的劇本，而非你目前在世上演出的劇本：

> 在人生假相之下，卻有一個永恆不變的計畫。
> 劇本已經寫定。某個經驗將結束你所有疑慮的
> 時辰，也已註定。（W-158.4:2~4，新譯）

然而，後半段卻又好似暗示了，連我們解脫或悟道的時辰都已註定。這是《奇蹟課程》難讀之處：它在解析人類問題時，同時由「絕對」（實相）與相對（幻相）兩個層面交替解說。當它論及「言語道斷」的實相境界時，不能不借用幻相世界的語言來比擬，難怪讀者會心生混淆而有所誤會。

我們都知道，實相境界根本不知道時間為何物，然而，活在時空模式下的人類習慣以「時間」來表達心靈的決定：

> 天父與聖子的一體性這個啟示遲早會進入每個人的心中。然而，那個時刻是由心靈自己決定的，非別人傳授給你的。（W-158.2:8~9，新譯）

這一「時辰」強調的，顯然不是人間的「今夕何夕」，而是人心接受聖靈計畫的那一決定。

因此，若要知道那個「結局已定」的劇本究竟屬於哪一版本，我們必需明白每個人一生同時都有兩套劇本，只是一個在幕前演出，一個在幕後進行著。

根據《奇蹟課程》的觀點，幕後的劇本才是真實的，它反映的是上主創造人類（心靈）時所賦予的永恆實相。不論幕前演出何戲，身為主角的「本人」，仍是上主當初創造的「上主之子」，依舊與天父一般神聖圓滿。

可還記得〈練習手冊〉說的「除了上主的旨意以外，沒有其他旨意存在」？又說「除了上主的天律以外，沒有什麼自然律可言」。因著實相的永恆不易性，祂的旨意或天律所寫成的劇本，永遠存於人心深處；它可能一時遭到壓抑或忘卻，但心靈無法永遠遺忘它的存在。

人間舞台演出而且有目共睹的都是小我的劇本，它是根據小我的「分裂」信念而衍生出來的故事：

> 你每時每刻都在劇本裡添加一些情節，使你目前所經歷的一切都另含玄機，你若刪除每一因素，每一段情節的意義都會隨之改變。
>
> （T-30.VII.1:7~8，新譯）

世間千百種光怪陸離的人生故事，推到究竟，不過敘述出人類兩種根深柢固的自我感覺：「我是有問題的」，「我好像失落了什麼」。這種揮之不去的陰影背後，還有整個人類集體意識的認同與鼓吹，讓你相信不只你如此，世上所有的人都受制於一股無名的勢力，是那股不知名的力量帶給你無盡的痛苦與衝突。說得更露骨一點，你確實感覺到，有問題的好像不是你，而是他人、是世界，甚或外星高靈。因此，你不能不針對外界威脅以及自衛需求不斷地改寫劇情，為自己編織出一個更美好、更獨特、更安全的人生。

《奇蹟課程》還有一段話也常被讀者視為宿命論的一個根據：

> 你一旦知道了，過去、現在及未來所發生的每一件事，都是一心只為你好的上主安詳地計劃出來的，你怎麼可能拒而不受？也許你誤解了袖的計劃……。（W-135.18:1~2）

　　這好像說，我們的每個經歷都是聖靈（最好）的安排，這種詮釋確實能提昇一個人的宗教情操，但究竟來講，是不正確的。聖靈既不是一位「神」，也沒有祂的「特定」計畫；聖靈不過代表了上主對小我的顛倒妄想的一種答覆。（你瞧，我們又用世間的語言來解釋實相了。其實，上主豈會答覆小我？我們不是說，上主根本不認識小我嗎？祂怎麼可能與小我互動？還會未雨綢繆地預備另一套計畫來對付小我？）

　　因此，我們還是改用「比喻」的方式來解釋上主的答覆或是聖靈的計畫，比較保險一點。不妨把上主假想成一個最完美的電腦，它的原始程式設定（default）裡就有「系統還原」及「自動修復」的功能。例如：當我在Word中寫文章時，按錯字鍵或中毒了，Word當下當機，等我捶胸頓足之後，再度進入Word時，聰明的電腦已經把我剛才輸入的文字檔做了「緊急儲存」，再度顯示於螢幕上了。有時，是某個程式故障，但只要我「重新啟動」電腦，電腦的原始設定也能幫我「系統還原」。

　　然而，不論電腦多麼萬能，它仍須尊重你的主權，在「還原」以前，它需要你的確認：「你要啟動系統還原嗎？」在Word的自動修復及緊急儲存的功能下，它同時為你保存了「原稿檔」以及「新稿檔」，並且給你一個選擇的機會：「你要儲存哪一個檔案？」

　　我不妨藉此比喻來解說一下：那個不懂電腦結構，亂敲鍵盤而寫出的故事，都是小我的劇本；「自動修復」的功能則是聖靈的劇本；「系統還原」的功能則屬於上主永恆不變的計畫。然而，不論上主內設（default）的「自動修復」與「系統還原」的功能多麼偉大，只因我具有與上主同等的自由與能力，它必需尊重我的自由意志，由我這「主人」自行決定，我要在舊檔與新檔（即聖靈與小我）之間選擇儲存那一份檔案。

　　不幸的是，被內疚與恐懼逼得神智不清的我們，整天亂敲鍵盤，一直在點選以及儲存小我的檔案，甚至不知道另一檔案的存在。又因害怕失去新輸入的資料，一再拒絕「系統還原」，不願回歸電腦最初的完美設定。寧可耗盡畢生精力去研發防毒軟體，也要跟一部中毒已深的電腦百千萬劫地奮戰下去。

　　《奇蹟課程》對人類意識發展的一大貢獻，即是為我們指出那個「永恆不滅甚至還能自動還原」的原始檔案。它還耐心地教我們一套「寬恕」的新功能，進行「系統還原」。它向我們保證，這個「寬恕」功能足以一掃我們先前的錯誤輸入，還原至「純潔無罪」的本來面目。

　　市面上暢銷的靈修書籍，不外是教我們如何改寫小我的劇本，達到心想事成的目的；《奇蹟課程》的目標則是把

耽溺在網路萬花筒裡的孤魂野鬼拉回到編寫劇本的 Word 螢幕前，面對問話方框：「你要儲存哪個檔案？」而整部《課程》苦口婆心地解釋了上千頁，就是想勸我們選擇「聖靈的檔案」，接受「系統還原」的邀請，選 Yes！

＊

至此，我可以總結地答覆你的問題：

「小我的劇本真的結局已定了嗎？」

「No！沒有外力在操控你這一生，你天天都在聽從小我的謊言，絞盡腦汁地改寫劇本，劇情雖然曲折驚險，結局卻詭譎難測，有時連你自己都不知道該如何寫下去了。」

「上主的劇本已經寫定了嗎？」

「Yes！你的命運在永恆中已經註定，你應慶幸，在至高智慧的設定中，沒有賦予你 overwrite（改寫）原始設定的能力。」

「聖靈的計畫寫定了嗎？」

「Yes and No！」

Yes！因為聖靈的計畫屬於原始設定的一部分。不論小我怎麼顛覆系統，你生命實相的原始程式中已經具備一種自動補救與自動還原的功能。

　　No！因為這個功能必需經過你的「確認」才能啟動，所以，你的每個起心動念，每個決定與作為其實都在對聖靈的邀請作yes或no的答覆，而你目前的人生正是你的yes與no所串聯出來的劇本。

你若努力想修得比別人更好，
你就已經離開了一體之境。

20

誰修的比較好？

————————◆————————

問：《奇蹟課程》常說，所謂幻相沒有層次之分，但心靈的覺醒程度是否又有高下之分？佛法會評定你悟性高低，位階在幾地。最近，一位修佛道多年的朋友，說我「還未體悟到神性」的境界，這究竟是判斷，還是老天藉他來提醒我呢？

答：我們可真是心有靈犀，我最近心裡也浮現類似的問題，似有領悟，卻無暇細想。經你一問，不能不靜下心來，把凌亂的思緒清理出一個脈絡。

《奇蹟課程》確實沒有層次或程度之分，只有真假之別；你也聽過我常作的比喻：你不是懷孕了，就是還沒懷孕，你不可能懷一點點的孕。因為《奇蹟課程》有此一說：「你不可能只放棄天堂的一部分。你也不可能只陷入地獄一點點。」（M-13.7:3~4）你若努力想修得比別人更好，你就已經離開了一體之境；你若不能用聖靈的眼光去看別人，就落於小我的分別批判；你若看不見你與他人不二的實相，你與對方一樣活在幻境中。

　　然而，我們在世間，確實看到有些人好像比較有修養、有智慧一點；有些人則活像是三惡道來的。而且我們還聽說，若想早日成就，需要親近善知識，盡量遠離那群業障深重的人。這種分別心，正是那個造出時空與形相世界的小我，想要教我們的「課程」，它自命為師，領導我們在「程度」與「距離」的幻相中去追逐那超越時空的圓滿境界，這正是《奇蹟課程》所謂「去找，但不要找到」的小我陰謀。

　　小我最愛提問題，未必想要知道答案，它聰明得很，它知道人間是非並沒有絕對的答案，可以無窮地爭辯下去。因為誰是聖、誰是賢、誰是冤、誰是親，這類問題，都是以小我的思想體系為前提，問題的本身其實暗自假定了「分裂的真實性」，「直線式的時間存在」，以及「因果的連續性」，如果我們針對這類高下、先後、判斷或投射的問題作答，其實我們已經公開為小我世界的邏輯背書了。

　　好，那麼我們若真能接受聖靈的思想體系，會怎樣呢？上述隱藏的前提全部無法成立，你便會當下看到了你要的答覆。

　　再講得詳細一點。如果我能不由「我是這具身體」出發，而是由「我們原是同一個心性，唯一的一體意識」的角度著眼（即使尚未開悟，想一想，還是能做到的），那唯一且圓滿的心靈，因著一念之差而忘失了本性，變為妄心，在幻

境中開始妄造，把每一妄念都執以為真，還為了證實其真實性而投射出有形有相的存在，構成了壯觀的大千世界與芸芸眾生。如此說來，實相中，並沒有你的存在，也沒有我的存在，我們都是那個「一心」在無明妄念下投射出的幻影，你是「一心」中的某一妄念冒出的一個泡泡，我也是這「一心」另一個妄念冒出的泡泡，因著妄念的性質而呈現不同的泡泡，不論大泡泡小泡泡，都只是虛妄的一念，一經修正，泡泡便消失了，若未修正則繼續冒泡。在世上，我們哪有什麼「大道」要修，哪有什麼使命要完成！那麼，還有什麼你覺我覺、先覺或後覺的問題？

冒泡的過程不過是一心（一體意識）在排妄念的毒氣，屁放完了，就沒事了。若把妄念當真，追究下去，那麼大泡生中泡，中泡生小泡，原本虛幻的世界可以延伸為無量劫世。

至此，你不難明白，為什麼《奇蹟課程》不教任何「積極」的法門，更不曾制訂道德評估標準。雖然它在〈教師指南〉提出了一些「上主之師」的特質，這純屬一種心境的描寫，與外在形象無關，否則，演技足以榮獲奧斯卡的小我，哪個不會裝出聖人的高風亮節？

《奇蹟課程》只傳授一門韜光養晦的本事：「寬恕就沒事」，為的正是防止我們過於認真地追究那些聖賢幻相，免得在精進之餘，推動起娑婆世界的輪轉而不自知呢！「寬恕

是寧靜的，默默地一無所作。它既不干犯實相，也不設法把它扭曲成自己喜歡的樣子。它只是觀看、等待、不判斷。」（W.II-1.4:1~3）等妄念的毒氣排完了，我們自會憶起那仍然完好無損的本來真相。

＊

寫至此，我好像已經答覆了你的問題，你可以在此打住，但我卻欲罷不能，因它鉤出了《奇蹟課程》幾個更重要的觀念──時間與因果的問題。請容我再嘮叨一下。

當前流行的全像學（Holography）都說：一切都是同步呈現。只因人類發明了「時間的設計」，迷惑了自己（想藉此忘卻那超時空的永恆家鄉），「同步現象」在我們眼中才會顯示前後上下高低早晚之分。你還記得《奇蹟課程》說過，在問題發生的同時，聖靈已經賜下答覆，問題早已解決。只是仍在作「時間大夢」的泡泡們，還在努力地向前邁進，偶爾還會忍不住跟旁邊的泡泡比賽，看哪個泡泡先抵達終點。

> 聖靈是上主對分裂狀態的神聖答覆，是救贖進行救治的工具，⋯⋯救贖與分裂之境的運作原則是同時出現的。就在小我形成之初，上主已經在人心中放置了喜樂的召喚。
> （T-5.II.2:5~3:2，新譯）

　　若想了解聖靈的思維方式，除了上述「分裂幻相」與「時空幻相」之外，我們還得打破一個因果的迷思（myth），因為它仍屬於直線式的時空概念。在因果律下，我們不只認為有一個我，而且這個我還有前世今生，如果我今生修得好，下輩子就會更上一層樓，所以趕緊行善、積德、增慧，就像累積飛行哩數那樣。而這哩數也只有「當事人」能享受，因為因果不爽。

　　細想一下，便能看出這一迷思並不符合人間的現實，若由歷史來看，根據佛陀的本生故事，他也不是一生一世地往上攀升的，他一下投胎為人，一下又投胎為鹿、為鷹、為虎的。若你相信《告別娑婆》的故事，他尚未圓滿神性之前，就已成就了濟世救人的道業，等他真正達到天人合一之境時，世人竟然一無所知。

　　再以我們熟悉的當代幾位名師為例吧！《當下奇蹟》的Eckhart Tolle，《與神對話》的Neale Donald Walsch，還有我們出版的《一念之轉》的Byron Katie，在他們聲稱覺悟之前，都活得「很慘」，心態消沈憤怒，陷入嚴重的憂鬱症，幾乎到了自殺邊緣，他們連「正常人」的標準都沒達到，卻在瞬間瞥見了實相。可見，心靈的發展未必是漸進式的，甚至與個人的表現無關，那不過是一體意識找到了一個最脆弱的縫隙，而冒出了一個美麗的泡泡而已。

　　此外，我們還需要打破另一個意識的迷思，我們總以為只要奮發向上，自然會導向自己想要的目標。不知你曾否聽過這個黑色幽默：兩個人死了，在投胎前，他們各自許願，某甲說，他在下一生要賺很多錢，成為百萬富翁，某乙說，他下輩子要到處給人錢。結果，某甲生為乞丐，某乙生在富翁之家。你若懂得潛意識的「陰影反射」原理，便明白這個故事裡的邏輯了，它與一般「心想事成」的法則大異其趣。

　　我們若能稍微破除一點上述的迷思，便不難看出，誰先覺悟，或悟到哪一程度這類問題的本身即是一個妄念，而且更加鞏固了天人分裂之根——特殊性。據此妄念所追出的答案，不只是二元對立，還會造成彼此的侵犯與攻擊。「只有不同的東西才能相互攻擊。」（T-22.VI.13:1）換句話說，當我們感受到別人的輕蔑時，在意識的深處，我們必先認定自己「與眾不同」了。

　　最近，我腦海裡常出現一個意象：我坐在觀眾席裡，看自己演的電影，電影早已拍完了（記得否？結局已定）。但我常忘了自己正坐在戲院裡看戲，心情跟著螢幕的主角七上八下，有時還被恐怖情節嚇得打哆嗦。看得渾然忘我時，恨不得能替主角上陣。

　　因此，當我們心中一旦起了「覺悟的先後高低」之念，或是「這是判斷還是投射」的疑惑時，表示我們已經落入戲

中了。在虛幻劇場裡，有無限的可能，而所有答案都是模稜兩可，正反皆說得通。這類答案，也許會幫你在戲臺上演得「好看」一點，或顯得聰明一點，但不會帶你回家的。

你若要回家的話，得意識到你其實身在觀眾席中，而且只有你這一位觀眾，根本沒有別人。你看到的戲其實早已演完了，你之所以一直在看重播的戲，只因你還在心裡繼續幫它編故事，加強情節，它才會變成一齣 Never Ending Story。

你若想要早點結束這無聊影片，就別有事沒事跑上台去軋一腳，你只須記得自己在看電影，當情緒被別人的故事勾起時，只須寬恕自己的情緒反應，笑一笑，繼續看電影。你唯一的功課，只是如此提醒自己，這也等於幫助戲中人憶起自己在劇場之外的真實身分。心裡明白，你所在的此時此地，並沒有人真的結婚生子，也沒有人搶劫或打仗。你只是讓電影自行演完所有的情節，這就是《奇蹟課程》的寬恕真義。只要你不期待「欲知後事如何，且待下回分解」，故事總有說完的一天。戲演完了（泡泡也冒完了），你才能離開戲院，高高興興地回家去。

一般的靈修常教你如何把這一生的戲演得精采絕倫，萬眾景仰；而《奇蹟課程》從第一課的練習開始，就想把你由台上請到觀眾席中。你可知，這一「移位法」會帶給我們多大的解脫；我這輩子不需要活得多好，修得多高，別人講我

如何，對我作何期待，都不再顯得那麼「嚴重」了。我只是
這一妄念冒出的泡泡，他是那一妄念冒出的泡泡，有時撞上
了，其實什麼也沒發生，只要我不自行判斷，加入我的故事
，他的毒排完了，回到一心，那已不是他的心，而是我們共
有的一體意識。那麼誰修得好，誰先回去，何需我們操心？

我目前的挑戰，不是怎麼去解決別人的投射或自己的判
斷，而是我發覺自己老愛往戲臺上跑，一不留神，就跟螢幕
上的角色攪和一團了。你可有什麼妙方，讓我安分一點，一
手可樂，一手爆米花，安心地坐在觀眾席，把電影看完？

21
遙遠的旅程？

問：我們讀書會有不少修行幾十年的朋友，向道心極強，但我常在他們的分享中聽出很深的修行挫折與無奈。我也自詡是修行道上的人，只是修愈久，愈顯得戰兢，本來是被那未來的許諾所吸引，寄望自己愈修愈靠近，遇見《奇蹟課程》以為自己很靠近了，才有這個福份接收到，但相對的挫折感也更深，好像愈修愈退回去，未來淨土的盼望愈來愈遠，彷彿永無修到的一天。有時我們只能這樣聊慰自己：當我們到達那個境界，就會如何如何。我很想為修行的朋友打氣，怎樣才能讓同修道友振起精神？當然這也是我想要的。

答：根據我多年的觀察，什麼樣的帶領人會吸引什麼樣的同修，你與這群朋友的因緣絕非偶然，你們會在彼此身上投射因而看到類似的人生課程，難怪他們的挫折，你這般感同身受。其實他們的掙扎很可能是催你面對自己一直迴避的問題，你這回想正視它，表示你已經在「另一層次」幫他們找到答案了。

　　從你的描繪，讓我再次感到《奇蹟課程》的理念是這麼難打入我們的心中，我們研讀了這麼多年「聖靈的思想體系」，但一張開口所說的，仍是小我的一貫思維方式。「修了幾十年」、「未來的許諾」、「愈靠近」、「愈挫折」、「愈退回去」、「愈來愈遠」、「永無修到的一天」、「將來達到」、「就會如何」……，聽起來真是何等遙遠的旅程。

　　讀了幾年的《奇蹟課程》，原來你還在走一個 A journey with distance，仍在人間追逐某種有形有相的境界，潛意識還設下一個行程表，腰帶上還掛著計速器，隨時測量如何能更快速、如何更靠近、何時能抵達……。

　　可還記得奇蹟研習的那張「奇蹟理念的架構圖」？我問：奇蹟在哪個環節發生？大家都知道，是在那個方框之外的「抉擇者」那一點上。你可了解那個抉擇者位在世界的方框之「外」的深意？那表示它已經「超越人間戰場」之上，不屬時空的領域。《奇蹟課程》一直著眼且著力於心靈的那一部分──無形無相「抉擇者」，它不是來幫我們在世上即身成就或活成某大德、某大師那號人物的。

　　當我選擇聖靈時，我進入「神聖一刻」，那一刻將我帶出了時間與空間的方框之外，在那兒，奇蹟才有發生的可能。因此《奇蹟課程》要帶大家走上的是 A journey without distance。

在聖靈的思維體系下：天堂就在一念間，還想往哪兒修去？還能退到哪裡去？唯一需要努力的，就是當下接受這個「真理」，當下就「已經得救」了。

我猜你一定會說，我也知道這個道理，但我感覺不到啊？你若信得過，你仍會留在原地（當下），設法去了解、去選擇聖靈的答覆，鍥而不捨地敲開那一扇救恩之門。說實話，當我們操練到「我的想法不具任何意義」，「奇蹟是我的天賦權利」或「願我認清自己的問題已經解決了」，有多少人真把這些慧見當真地用在生活上？

我們一旦信不過（不論是潛意識中或是有意識的抗拒），很自然地會回到小我的修行藍圖，向前進、往上修、不退轉，無上法門。《奇蹟課程》說的沒錯，我們真的很怕救恩，一靠近這「不待修持」的救恩，我們就趕緊找退路，而小我的「修行大業」正好給我們一個冠冕堂皇的 Plan B。

有趣的是，我們大多數人即使選擇了小我之路，渾然不覺，仍然抱著《心經》或《奇蹟課程》這類「非二元」的靈修經典，「修」得起勁得很。

我常聽人說「唉！他已經修了三十年……」，好似這三十年的時間象徵著心靈的年資與成就。按照《奇蹟課程》的說法，只要不是聖靈，就是小我，只要還著眼於人間、形象

、境界，其實等於選擇了小我的路。所以，一般的修行人，修了三十年的「有為法」，很可能是加深了小我三十年的功力，要他放下小我灌輸了三十年「有修有證、是非分別、因果報應」的信念，轉回聖靈的思維方式，可能比沒修過道的人更為艱難。

因為世俗中人至少承認他的觀念是世俗的，他們還可能「聽得出」靈性的不同處。但傳統的修行人把繞著身體、形象、時間打轉的修練法門，全都冠上了「靈修」的帽子，魚目混珠之後，更難認清自己所追求的「靈性」價值與世俗的價值只是形式不同，內涵其實一模一樣，都在尋求彌補，都在追求特殊性。問題是，他還自以為自己在「靈」修。除非他走入了死胡同，或是發生「逆增上緣」，推翻了他根深柢固的信念，否則，他連回頭反問自己的機會都稀有難得。

我也有不少佛門的朋友，非常喜歡《奇蹟課程》的「一體論」，還挺認真地練習寬恕，在讀書會裡最喜歡幫別人解決問題。當他們被迫分享自己的瓶頸或挑戰時，言下流露的某種無奈與內疚，與你的描述如出一轍。由他們的自嘲或辯解中，不難聽出他們始終是以原有的一套宗教理念（或人生信念）為「本」，仍然堅信不疑舊有的二元修行觀，只是點綴一些奇蹟理念，使之更圓融或更跟上時代潮流而已。

　　我曾聽你提過，佛教朋友好似比較難深入心理層次，例如觀想、覺受、聽內在聲音這類練習。我一點都不意外。愈是求道心切的人，潛意識裡的犧牲、罪咎、自憎及欠缺的意識就愈強，否則誰肯犧牲眼前的幸福，去追求一個虛無飄渺的「道」？虔誠的信徒在罪咎與因果的雙重威脅下，他們的壓抑可能比一般人還要深。因為他們這樣不遺餘力地在意識界鞏固自己的宗教信念，不能不關緊潛意識的閘門，不讓其中的陰魂復甦。如果一個不留神，竄出了一些妄念惡語，都會為他們亮出「退步」的紅色警示燈。

　　今天讀了你的描述，我才恍然大悟，為什麼傳統修行人常給人嚴肅沈重的感覺，原來他們得在這個「修行高標」的暴政下苟延殘喘，終日在生死相逼又遙遙無期的 deadline 下進行那樁「沒完沒了的裝潢工程」。這麼艱辛的「旅程」，怎麼可能走得腳步輕盈？

　　如今你大概了解了，為什麼我盡量避免與虔誠且精進的修行朋友談人生大道理，因為我發現，在宗教徒的慈眉善目之下，常隱藏著強烈的分別心與批判性，別人無心的幾句話，都能勾起強烈的情緒反應。他們常像一條繃緊的弦，隨時都在找縫隙宣洩無名的情緒，而「衛道」成了最好的藉口。《奇蹟課程》「凡是不真實的，根本就不存在」這類說法，很容易踩到傳統宗教「有善有惡有因有果」的信仰底線。

　　現在回到奇蹟學員身上，當我們初入門時，覺得書中充滿了愛與光明；等真讀進去了，才發現這部書一竿子打翻了自己視為天經地義的人生信念。它只是有時不忍心講得太絕罷了。因為在《奇蹟課程》的眼下，被小我掌控的人類，不只是個幼稚的孩童，還有精神分裂的遺傳基因，所以，它在教我們時，說一句真理，加一點糖，再說一句真理，還唱首詩歌給我們聽，連哄帶騙地讓我們歡歡喜喜地跟著上路，其實這些糖果音樂下面包著的，是一個足以徹底解除整個娑婆世界的炸彈。

　　我只要舉個例，〈正文〉開宗明義即說：奇蹟沒有大小、難易等程度之分，因為它們全是虛幻的。〈練習手冊〉一開始就要你「小試一下」，撤去身邊一切的價值與意義，還再三叮囑，不可以設定例外，你只要有一個例外，這練習就無法達到它的目標。但我們有多少學員，練得正經八百，其實心裡繼續分別判斷，這個不能吃，那個不能做，好似完全沒聽懂〈練習手冊〉在導言中的警示：「你在運用正見時，即使僅僅保留一個例外，那麼，它在任何事上都不可能達成目標的。」(W-Intro.5:3，新譯)

　　這話說得不能再清楚了。只要我們還在人間抓著一些特殊價值，一兩個例外，所有的奇蹟就破功了。因為小我與靈性之間沒有中間地帶。但我們卻很聰明，揮著「自我寬恕」

的大旗，不斷與小我妥協，繼續在「時間」與「境界」上下功夫，想把人間轉為淨土。

這些年來，目睹小我的種種花招，我才逐漸明白《奇蹟課程》寫得這麼「雜亂」的苦心。其實它是故意的，它存心與小我打「迷糊仗」。如果它一開始就把真理講明了：你不是活在身體下的你；世界根本不存在；你做的一切毫無意義；你只是在做噩夢，此刻其實仍在天堂中……。面對這一真理，小我只可能有兩種反應：一是聽不懂（自行詮釋，故意扭曲），二是根本沒聽到。哪一個「正常」的人肯修這個否定我們存在的「道」？

所以，《奇蹟課程》的寫法，好似Erikson的催眠術一般，東說一句，西說一句，趁著你的意識如墮五里霧中時，即刻拋出一個真理的訊息。Ken把《奇蹟課程》比喻為一大交響樂，它把簡單的主旋律編出各式各樣的變奏曲，反反覆覆，正著說，反著說，用詩歌，用禱詞，用問答，用練習，用三段論證，洋洋灑灑寫了上千頁，其實真正要說的，只有一句話。明著說：「你仍是上主創造的你。」暗著說：「此刻活著的你與世界並非真的存在。」（都是鬼影子！哈！）

當我們還難以承受這一真理時，我們至少還有一堆變奏曲可欣賞，每天「寬恕」一點，每天「修個奇蹟」，每天「解個噩夢」……，修得不亦樂乎。等到你準備好接受真理時

，你會發現《奇蹟課程》簡單得無與倫比。

　　凡是真實的，你不可能失去，凡是不真實的，根本就不用你操心。如果「我要的只是救恩」，那麼這個救恩，一定就在眼前，我只要伸手去取就成了，還有比這更簡單的修行法嗎？

　　換句話說，當別人說一句不中聽的話時，我選擇「我要在這事上看到上主的愛」，當別人騙我的錢時，我也選擇「我要在這事上看到上主的愛」。這種心態是否太阿Q了？我想不會的，當我的焦點不被對方的表演所惑時，反而更容易看清魔術師的袖裡乾坤，那一刻的我其實是最「聰明」的。

　　說到這裡，不禁一怔，這算什麼新體驗？〈練習手冊〉不是一開始就把這一原則交代清楚了嗎？原來〈練習手冊〉狀似「輕描淡寫」的前五十課，早已為我們全盤托出了整套《奇蹟課程》的修法。隨後的三百多課，不過是安撫我們內在的恐懼，一步一步地卸下意識的抵制心態而已。

　　因為，活在肉體中的我們，終日張著一雙肉眼，要隨時看破世界的迷幻陣，可不容易。我常一眨眼就掉入了人間是非，江湖恩怨，看到自己還一本正經地與夢中的其他幽魂爭個我是你非的。

✳

　　前些日子我在幽靜的步道散步時，試著練習奇蹟理念。由於春雨剛過，夕陽照在綠得發亮的樹叢間，我望著樹後的陽光，提醒自己，我要的只是「祢」。我開始練習在欣賞野花時，不受花容所遮，而看到花瓣上的陽光；我抬眼望著枝葉搖曳的橡樹，讓眼光越過綠得發亮的枝葉看到背後的陽光；偶爾一隻狗或一輛自行車從我身邊經過，我也試著去看那小狗及騎士一身背負的陽光。即使夕陽漸漸隱退，夜幕低垂，林間葉片仍然閃爍著某種微光。

　　當我開始習慣透過花叢葉影而直取陽光，我也比較能透過身邊的眾生百態，而直視「上主的愛」。畢竟，人間的是非榮辱愛恨喜怒的能量網比那綠葉與野花要濃密得多了，一不小心，我又被它網住了。即使我明知這是「節省我百千萬劫」的方法，但只要我還有恐懼與內疚，我還是看到自己的念頭那麼容易離開光明的焦點。我得不斷地拉回自己的眼光：「這個人說什麼，那件事成不成，都不重要，也不是我要的，我只願在這件事與這個人身上看到祢，看到祢的愛，其餘的都不是我的事。願我的眼光不再動搖，隨時都能穿過這些花葉魅影，認出祢的臨在。」

　　光是這個工作，已經佔了我大部分的心力，自顧不暇了，哪有時間追查自己修到哪裡？或是管別人修得如何如何？

　　修行根本就不是我的事情，連「我」都不存在，我哪會知道自己修得怎樣了？「時間」既不存在，我何須擔心哪一天回得了家？我既然只是那個「靈」或「絕對意識」（Consciousness）的一部分，很可能在我活得最不成器的那一世，Consciousness的另一部分還修得挺好的，我不知不覺中已經沾了他們的「光」，為什麼一定要「我」先成就呢？反正都是同一生命，搭個便車又有何妨？

　　在這慧見下，人生變得何其單純，我這一生只有一個任務，就是「接受」救恩。我相信，在祂的許諾下，我永不會失落那個愛，只要我把自己的目光對準，它一定在。它只是在等我的認可（我才不理自己的身體是否感覺到否，讓小我去操這個心）。愛既是一切富裕與力量的源頭，我該放手讓它來調教我，我只管「選擇」它，其餘的，就是它的工作了。我甚至不必擔心我的選擇可能多麼膚淺或虛假，它自有辦法調整我的。（請不要誤會，我這選擇，絕非對神的信心，而是我願相信自己心靈的選擇力量，這正是《奇蹟課程》一直想跟老愛裝受害者的小我說的：一切能力都具備在你的「一心」之內）

　　這一修法簡單、直接、不費力、又方便。於是，任何橫

梗在我的眼睛與這光明之間的影像或念頭，都是我需要寬恕的對象，只要我願寬恕，它就擋不了我的視線。練習了一陣子以後，確實感到幻相愈來愈虛、光明愈來愈實了。即使碰到一些困難，讓小我氣個兩三分鐘，哇啦哇啦嚷幾聲，就過去了。這樣，沒有「修行境界」在前聲聲相催，沒有「修行形象」需要保護，才可能充滿幽默感地去看眼前胡亂有趣的世界。

　　你不覺得嗎？修行道上特別需要幽默的伙伴！

　　抱歉我愈講愈遠了，我又在借題發揮，我絲毫沒有幫你消除那A journey with distance所給你的無力感，因為那一條路是註定很累的，很苦的；而我對那種遙遙無期的修道旅程也愈來愈沒有興趣了。

奇蹟資訊中心
出版系列：

《奇蹟課程》
（A Course in Miracles）──新譯本

《奇蹟課程》是二十一世紀的心靈學寶典，更是近年來各種心理工作坊或勵志學派的靈感泉源。中文版已在 1999 年由若水譯出，並由作者海倫‧舒曼博士所委託的「心靈平安基金會」出版。

新譯本乃是根據「心靈平安基金會」2007年所出版的「全集」，也是原譯者若水在「教」「學」本課程十年之後再次出發的精心譯作。全書分為三冊：第一冊：〈正文〉；第二冊：〈學員練習手冊〉；第三冊：〈教師指南〉、〈詞彙解析〉以及〈補編〉的「心理治療」與「頌禱」二文。新譯本網羅了《奇蹟課程》所有的正式文獻，使奇蹟讀者從此再無滄海遺珠之憾。（**全書三冊長達 1385 頁**）

《奇蹟課程》
〈學員練習手冊〉新譯本隨身卡

《奇蹟課程》第二冊〈學員練習手冊〉共三百六十五課，一日一課地，在力求具體的操練中，轉變讀者看事情的眼光，解開鬱積的心結。

若水由十餘年的奇蹟課程教學譯審經驗出發，全面重譯這部曠世經典。新譯版一本經典原文的精確度，語意更為清晰，文句更加流暢。精煉再三的新譯文，吟誦之，琅琅上口，饒富深意，猶如親聆J兄溫柔明晰的論述，每天化解一個心結，同享奇蹟。

為方便現代人在忙碌生活中操練每日一課，經三修三校的重譯版，首度以隨身卡形式發行，以頂級銅西卡精印，紙版尺寸 8.5 × 12.6 公分，另有壓克力卡片座供選購。（**全套卡片共 250 張**）

奇蹟課程導讀與教學系列

《奇蹟課程》雖是一部自修性的課程，只因它的理論架構博大精深，讀者常易斷章取義而錯失精髓，故奇蹟資訊中心陸續推出若水的導讀系列、米勒導讀，以及一階理論基礎及二階自我療癒DVD、其他演講錄音或錄影教材，幫助讀者逐漸深入這部自成一家之言的思想體系。

若水導讀系列

(一)《創造奇蹟的課程》（**全書 272 頁**）
(二)《生命的另類對話》（**全書 272 頁**）
(三)《從佛陀到耶穌》（**全書 224 頁**）

若水在這三冊中，解說《奇蹟課程》的來龍去脈與理論架構，透過問答的形式，說明崇高的寬恕理念如何落實於生活中；最後透過《奇蹟課程》的理念，闡釋佛陀和耶穌這兩位東西方信仰系統的象徵，在實相裡並無境界之別，而只有人心的「小我分裂」與「大我一體」的天壤之隔。

米勒導讀

《奇蹟半生緣》

一位慧心獨具卻不得志的記者，三十多歲便受盡「慢性疲勞症候群」的折磨，群醫束手無策，他在走投無路之下，不禁自問：「究竟是誰把我這一生搞得這麼慘？」

《奇蹟課程》讓他看到，自己竟是一切問題的始作俑者。他對這一答覆百般抗拒，直到有位心理治療師對他說：「恭喜你！你若讀得下這本書，大概就不需要心理治療了！」

《奇蹟半生緣》全書穿插作者派屈克‧米勒浮沉人生苦海的經歷，但他並不因此獨尊自身的經驗和詮釋，而以記者客觀實証的精神，遍訪散居全美各地的奇蹟講師與學員，甚至傾聽圈外人的質疑。本書可說是一部美國奇蹟團體的成長紀實。（**全書 319 頁**）

奇蹟課程有聲教學教材

奇蹟資訊中心歷年發行《奇蹟課程》譯者若水的演講錄音或錄影光碟，將《奇蹟課

程》的抽象理念與現實生活銜接起來，幫助讀者了解《奇蹟課程》的精髓所在，是奇蹟學員不可或缺的有聲輔讀教材，由於教材內容每年不盡相同，欲知詳情，請上網查詢。
www.acimtaiwan.info 奇蹟課程中文網站
www.qikc.org 奇蹟課程中文部簡体網

肯恩實修系列

《奇蹟原則50》

許多讀者久仰《奇蹟課程》之盛名，興沖沖地讀完短短的導言後，就怔忡在一條一條有如天書的「奇蹟原則」之前。讀了後句忘前句，「奇蹟」的概念好似漂浮在字裡行間，始終無法在腦海中落腳，以至於閱讀了一兩頁之後便後繼無力，難以終篇，竟至棄書而逃。

「奇蹟原則」前後五十條，其實是整部課程的濃縮，若無明師指點，讀者通常都不得其門而入。於今多虧奇蹟泰斗肯尼斯旁徵博引，以深入淺出而又幽默的答問形式，將寬恕與奇蹟的精神落實於生活中，為初學者乃至資深學員提供了一個實修的指標。（全書209頁）

《終結對愛的抗拒》

追尋心靈成長的人，學到某個階段往往面臨一個瓶頸：儘管修習多年，一遇到某種挑戰，就不自覺地掉回原地，因而自責不已。問題到底出在哪裡？

佛洛依德在他的臨床經驗中，驚異地發現，病人的潛意識中有「拒絕療癒」的本能，肯尼斯根據《奇蹟課程》的觀點，犀利地剖析人們「拒絕療癒或轉變」的原因，又仁慈地為讀者指出穿越小我迷霧的關鍵，由停滯不前的窘境中突圍。對於追尋心靈成長和平安的人而言，本書不但有提點指授的功效，更有當頭棒喝的力道。（全書109頁）

《親子關係》

坊間論及親子問題的書籍可謂汗牛充棟，泰半繞在親子關係複雜且微妙的糾結情懷，唯獨肯尼斯‧霍布尼克不受表象所惑，借用《奇蹟課程》的透視鏡，涵照出親子之間愛恨交織的真正關鍵。

本書表面上好似在答覆「如何教養子女」、「如何對待成年子女」以及「如何照顧年邁雙親」等具體問題，它其實是為每一個人點出我們在由「身為兒女」，到「照顧兒女」，繼而「照顧雙親」的艱苦過程，以及我們轉變知見時必然經歷的脫胎換骨之痛。（全書238頁）

《性‧金錢‧暴食症》

在紛紜萬象的世界裡，性、金錢與食物可說是人生問題的「重頭戲」，最易牽動小我的防衛機制，故也最具爭議性。作者肯恩沿用《奇蹟課程》中「形式與內涵」的層次觀念，針對性、金錢等等所引發的光怪陸離現象（形式），揭露它們背後一貫的目的（內涵）── 小我企圖藉無止盡的生理需求，抹滅心靈的存在，加深孤立、匱乏、分裂等受害感，最後連吃飯、賺錢與性交都可能變成一種攻擊的武器。

肯恩與學員的趣味問答，反映出我們日常是如何受制於這些生理需求的；然而，我們也能藉聖靈之助，將現實挑戰化為人生教室，將小我怨天尤人的陰謀，轉為寬恕與結合的工具。（全書196頁）

《仁慈──療癒的力量》

這是一部針對奇蹟教師及資深奇蹟學員的實修指南。全書分上下兩篇，上篇列舉奇蹟學員常有的現象，例如以奇蹟之名攻擊他人，或以善意為由掩蓋自己批判的心態；下篇探討如何用仁慈的眼光來看待自己與他人的缺陷，教我們將自身的限制或缺陷轉為此生的「特殊任務」，在人間活出寬恕的見證，成為聖靈推恩的管道。（全書251頁）

《逃避真愛》

本書是針對道理全懂卻難以突破的資深學員而寫的，它一針見血地指出，綑綁我們修行腳步的，不是世界的黑暗，也非人間的牽絆，而是自己打造出來的一道心牆。

只因我們深怕真愛會消融了自己的特殊性，故把心靈最深的渴望隱藏到心牆之後，與之「解離」，在人間展開一場虛虛實實又自相矛盾的追尋。一邊痛恨小我的束縛，一邊又忙著為小我說項；以至於內心有一部分奮力向前，另一部分則寧可原地觀望。藉著裝傻、扭曲、辯駁，把回歸真愛的單純選擇

渲染成複雜又艱深的學問。

《逃避真愛》溫柔地解除了人心無需有的恐懼，讓我們明白心牆的「不必要」，陪伴我們無咎無懼地跨越過去。（**全書156頁**）

《假如二二得五》

從古至今，多少人心懷救苦救難的大志，傾注一生之力貫徹自身理想，卻往往受現實所囿而終不能及。我們這些凡夫俗子，亦不乏拼搏自救之心，然而在現實面前，還是屢屢敗陣，活得憋屈而無奈。問題究竟出在哪裡？

對此，本書剴切提出：整個世界其實一直按照 2＋2＝4 的「鐵律」來運作，萬物循著固定的軌跡盈虧盛衰，一切可謂「命中註定」，無怪乎歷史上的種種救世之舉皆以失敗告終。然而，《奇蹟課程》識破世界的詭計，小我既然使出 2＋2＝4 的苦肉計，它便祭出 2＋2＝5 的救贖原則，破解小我編織的羅網，溫柔地引領我們走出世界的幻境。本書即是教導我們，如何在貌似 2＋2＝4 的世界活出 2＋2＝5 的生命氣象，而且更進一步，迎向天地間唯一真實的等式 1＋1＝1。（**全書171頁**）

肯恩《奇蹟課程釋義》系列

《奇蹟課程序言行旅》

如果說《奇蹟課程》是一首曠世交響曲，《序言》便奠定了整首樂曲的氣質與基調，不僅鋪敘出奇蹟交響樂的關鍵理念，還將讀者提昇到奇蹟形上思想的高度和意境，堪稱《正文行旅》最佳的暖身之作。

肯恩有如一流的樂評家，領著讀者，在宏觀處，領受樂章磅礡的主旋律，在微觀處，諦聽暗藏其中的千百種變奏，致其廣大，盡其精微，深入課程之堂奧，回歸心靈之家園。（**全書121頁**）

《正文行旅》（陸續出版中）

《奇蹟課程》在人類靈性進化史上的貢獻可謂史無前例，而《正文行旅》乃是《奇蹟課程釋義》三部曲的完結篇。肯恩由文學，詩體，音樂三重角度，依循各章節的主題，提供了「重點式」以及「全面性」的導覽，幫助學員深入奇蹟三昧，沉浸於智慧與

慈悲之海。

這部行旅可說是肯恩一生教學的智慧結晶，奇蹟學員浸潤日久，必會如他所願：奇蹟，發自心靈，必將流向心靈。（**第一冊335頁**）

《學員練習手冊行旅》（陸續出版中）

整套《奇蹟課程釋義》的問世，可說是無心插柳。1998年起，肯恩應學生之請，為〈學員練習手冊〉做了一系列的講解，基金會將研習錄音增編彙整為逐句詮釋的〈練習手冊行旅〉。此案既定，〈正文行旅〉以及〈教師指南行旅〉應運而生，為奇蹟學員提供了最完整且精闢的修行指針，訂名為《奇蹟課程釋義》，幫助學員將〈正文〉理念架構所引伸出來的教誨，運用到現實生活中。這三部《行旅》，可說是所有踏上奇蹟旅程的學員最貼心的夥伴。

《學員練習手冊行旅》的宗旨，乃是幫助奇蹟學員了解三百六十五課的深意，以及它們在整部課程中的作用。更重要的是，幫助學員將每日一課運用於現實生活中，否則《奇蹟課程》那些震古鑠今之言可謂枉費唇舌，徒然淪為一套了無生命的學說。（**第一冊346頁**）（**第二冊292頁**）（**第三冊234頁**）

《教師指南行旅》（共二冊）

〈教師指南〉是《奇蹟課程》三部書的最後一部，它以「如何才是上主之師」為主軸，提綱挈領地梳理出〈正文〉的核心觀念，全書以提問的形式鋪敘而成，為其他兩部書作了最實用的補充。

肯恩在逐句解說〈教師指南〉時，環繞著兩個主題：「個別利益」對照「共同福祉」，以及「向聖靈求助」。因為若不懂得向聖靈求助，我們根本學不會「共享福祉」這門功課。當然，全書也穿插不少副題，如「形式與內涵」、「放下判斷」等等，就像貝多芬的偉大樂章那樣，不時編入數小節旋律，讓主題曲與變奏曲銜接得更加天衣無縫。肯恩說：「我希望藉由本書讓學員看出，耶穌是如何高明地把他的基本訊息串連為一個整體，一如交響樂以主旋律與變奏曲那般交叉呈現、迴旋反覆地將我們領上心靈的旅程。」（**第一冊337頁**）（**第二冊310頁**）

其他出版品

《寬恕十二招》

　　《寬恕十二招》的作者保羅‧費里尼，有鑒於人們的想法與情緒反應模式，早已定型僵化，成了一種「癮」，不是一朝一夕可以化解得掉的。因此，他將《奇蹟課程》的寬恕理念，分解為十二步驟，一步一步地引導我們超越自卑、自責以及過去的創痛，透過自我寬恕而領受天地的大愛。這是所有準備好負起自我治癒之責的人必讀的靈修教材，也是曠世靈修經典《奇蹟課程》的輔讀書籍。（**全書 110 頁**）

《無條件的愛》

　　作者保羅‧費里尼繼《寬恕十二招》之後，另以老莊的散文筆法，細細描述我們每一個人心中都擁有的「無條件的愛」。他由大我的心境出發，以第一人稱的對話方式，直接與讀者進行心與心的交流，喚醒我們心中沉睡已久的愛，開啟那已被遺忘的智慧。此書充滿了「醒人」的能量，是陪伴你走過人生挑戰的最好伙伴。（**全書 215 頁**）

《告別娑婆》

　　宇宙從哪兒來的？目的何在？我究竟是什麼？為什麼會在這裡？我要往哪裡去？我該怎麼活在這個世界裡？當你讀完本書，會有一種「千年暗室，一燈即亮」的領悟。

　　全書以睿智而風趣的對話談當今世局、原子彈爆炸，一直說到真愛、疾病、電視新聞、性問題與股價指數等等，讓我們對複雜詭異的人生百態，頓時生出「原來如此」的會心一笑。它說的雖全是真理，讀起來卻像讀小說一樣精彩有趣，難怪一問世便成了西方出版界的新寵。（**全書 527 頁**）

《一念之轉》

　　作者拜倫‧凱蒂曾受十餘年的憂鬱症所苦，一天早上，她突然覺悟了痛苦是如何形成又如何結束的。由此經驗中，她發明了四句問話的「轉念作業」（The Work），引導你由作繭自縛中徹底脫身，是一本足以扭轉你人生的好書。（**全書 448 頁，附贈轉念作業個案 VCD**）

《斷輪迴》　阿頓與白莎回來了！

　　繼《告別娑婆》走紅之後，葛瑞的生活形態發生重大的轉變，也面臨了更多的挑戰。葛瑞仍是口無遮攔地談八卦、論是非、臧否名流，阿頓和白莎兩位上師在笑談棒喝中，繼續指點葛瑞如何在現實挑戰下發揮真寬恕的化解（undo）功能，徹底瓦解我執，切斷輪迴之根。（**全書 279 頁**）

《人生畢業禮》

　　本書是保羅與 Raj 在 1991 年的對話記錄。對話日期雖有先後，內涵卻處處玄機，不論由哪一篇起讀，都會將你導入人類意識覺醒的洪流。

　　Raj 借用保羅的處境，提醒所有在人間孤軍奮鬥的人，唯有放下自己打造的防衛措施，才可能在自己的心靈內找到那位愛的導師。也唯有從這個核心出發，我們才會與所有弟兄相通，悟出我們其實是一個生命。（**全書 288 頁**）

《療癒之鄉》

　　《療癒之鄉》中文版由美國「獅子心基金會」委託台灣「奇蹟資訊中心」出版。

　　作者羅賓‧葛薩姜把《奇蹟課程》深奧又慈悲的教誨化為一套具體的情緒啟蒙和心靈復健課程，協助犯罪和毒癮的獄友破除心理障礙，學習處理人與人之間的衝突，調整情緒，建立自信，切斷「憤怒→攻擊→憤怒」的惡性循環。《療癒之鄉》陪伴無數受刑人度過獄中歲月。

　　《療癒之鄉》也是為所有困在自己心牢裡的讀者而寫的。世間幾乎沒有一人不曾經歷童年的創傷、外境的壓迫，以及為了生存而形成種種不健康的自衛模式。獄友的心路歷程給予我們極大的啟發，鼓舞我們步上心靈療癒之路。（**全書 440 頁**）

《我要活下去》

　　這本書不只是一本鼓舞信心的療癒指南，還是一個女人把自己從鬼門關前拉回來的真實故事。

　　作者朱蒂‧艾倫博士（Judy Edwards Allen, Ph.D.）原是成功的專業顧問、大學教授、大學教科書作者，四十歲那年獲知

罹患乳癌的「噩耗」，反而成為她生命的轉捩點，以清晰、熱情的文筆，記錄了她奮力將原始的求生意念成功地轉化為「康復五部曲」的歷程。讀者會看到她如何軟硬兼施地與醫生打交道，如何背水一戰克服無助感，又如何透過寬恕，喚醒內心沉睡已久的愛與生命力。最後，她終於超越自己對生死的執著，在這一場疾病與療癒的拔河大賽中，獲得了靈性的凱旋。（全書 280 頁）

《時間大幻劇》

　　人們對於時間，存在著種種截然不同的看法，比如：時間是良藥，可以癒合一切創傷；善惡終有報，只等時候到；時間是無情的殺手，終將剝奪我們的一切……。人類早已視時間的存在為天經地義，戰戰兢兢地活在過去的懊悔、現在的焦慮和對未來的恐懼中。我們好似活在一座無形的牢籠裡，苟延殘喘，等待大限的到來。

　　《奇蹟課程》的泰斗肯恩博士曾說：「不了解時間，不可能讀懂《奇蹟課程》的。」他引經據典，將散落全書有關時間的解說，梳理出一個完整的思想座標，猶如點睛之龍，又如劃破文字叢林的一道靈光，讓我們一窺《奇蹟課程》的究竟堂奧（究竟義）。此書可說是肯恩留給奇蹟資深學員最珍貴的禮物。（全書413頁）

《奇蹟課程誕生》

　　《奇蹟課程》的來歷究竟有何玄虛？為什麼它選擇經由海倫‧舒曼博士來到人間？它的記錄方式及成書過程，與它傳給人類的訊息有何內在關係？有幸親炙此書的我們，又該如何延續奇蹟精神的傳承？

　　不論你只是好奇《奇蹟課程》的精采傳奇，還是有心以「史」為鑒，窮究奇蹟的傳承精神，本書都提供了最可靠的第一手資料。作者因與茱麗、海倫與比爾等人交往密切，故受這些開山元老之託，冷靜而客觀地梳理《奇蹟課程》的記錄及成書經過，佐以三位奇蹟元老的親筆自白，融鑄成一部信實可徵的《奇蹟課程》誕生史，帶領讀者重新走過五十年前那段精采神奇的心靈歷程。（全書195頁）

《飛越死亡的夢境》

　　本書榮獲美國出版界著名的「活在當下書籍獎」（Living Now Book Awards），全書以嶄新的視角詮釋曠世靈修經典《奇蹟課程》的教誨，為讀者剴切指出「起死回生」的著力點。

　　作者特別選取在人間每個角落不時作祟的「死亡陰影」入手，揭露小我抵制永恆生命的伎倆。作者以親身的經歷為奇蹟作證，並且提供了極其實用的反省練習，解除我們潛意識中對死亡的恐懼，為百害不侵的生命本質開啟了一扇門，真愛與喜悅得以流過人間，讓奇蹟成為日常生活裡「最自然的事」。（全書524頁）

國家圖書館出版品預行編目資料

從佛陀到耶穌 / 若水作 . –– 初版 .
 –– 臺北市：奇蹟資訊中心，奇蹟課程，民97.04
面：14.8 X 21公分 .
 ––（奇蹟課程導讀系列：3）

ISBN 978-957-30522-5-8（平裝）
1. 靈修　2. 自我肯定

192.1　　　　　　　　　　97005817

從佛陀到耶穌　奇蹟課程導讀系列（三）

作　　者／若　水
責任編輯／陳玉茹　李安生
校　　對／李安生　黃真真　李秀治
封　　面／番茄視覺設計
美術編輯／番茄視覺設計
出　　版／奇蹟資訊中心‧奇蹟課程有限公司
　　　　　桃園市光興里縣府路 76-1 號
聯絡電話／（04）2536-4991
劃撥訂購／帳號 19362531　戶名 劉巧玲
網　　址／www.acimtaiwan.info
電子信箱／acimtaiwan@gmail.com

印　　刷／世和印製企業（02）2223-3866
出版日期／2008 年 4 月初版
　　　　　2019 年 11 月三刷
經銷代理／聯合發行公司
　　　　　電話（02）2917-8022 #162
　　　　　　　（03）212-8000 #335

定　　價／新台幣 250 元

ISBN 978-957-30522-5-8